图说 体育百科

《图说经典百科》编委会 编著

彩色图鉴

南海出版公司

图书在版编目（CIP）数据

图说体育百科 /《图说经典百科》编委会编著. ——海口：南海出版公司，2015.9（2022.3重印）
ISBN 978-7-5442-7957-4

Ⅰ. ①图… Ⅱ. ①图… Ⅲ. ①体育－青少年读物 Ⅳ. ①G8-49

中国版本图书馆CIP数据核字（2015）第204876号

TUSHUO TIYU BAIKE
图说体育百科

编　　著	《图说经典百科》编委会
责任编辑	张爱国　梁珍珍
出版发行	南海出版公司　电话：（0898）66568511（出版）
	（0898）65350227（发行）
社　　址	海南省海口市海秀中路51号星华大厦五楼　邮编：570206
电子信箱	nhpublishing@163.com
经　　销	新华书店
印　　刷	北京兴星伟业印刷有限公司
开　　本	787毫米×1092毫米　1/16
印　　张	7
字　　数	70千
版　　次	2015年12月第1版　2022年3月第2次印刷
书　　号	ISBN 978-7-5442-7957-4
定　　价	36.00元

南海版图书　版权所有　盗版必究

前言 Preface

体育，顾名思义，是指利用身体活动来进行教育，以达到增强体质、提高运动技术水平、丰富社会文化生活的目的，它是一种有目的、有意识、有组织的社会活动。

一个国家体育活动的发达与否，已经成为衡量一个国家社会发展水平的一项重要指标。

从人类诞生以来，体育伴随着人类走过了几百万年的风风雨雨。在这漫长的岁月当中，体育对人类的贡献不可磨灭。

体育发展到现在，以其特有的魅力，吸引了无数的人为之着迷，几乎所有的人都被其影响。

体育对人自身的改造，不仅是外在的，也是内心的，还包括形态结构与生理机能的统一，也是身与心的统一。体育在对年轻人进行身体改造的同时，也会注重年轻人无形的心理发展。体育对年轻人塑造其人生观、价值观，有着不可替代的作用。

在体育的魅力面前，人类实现了渴望已久的平等。体育不分男女老少、种族肤色、经济状况，人人可以参与，人人可以从中找到属于自己的快乐。

体育可以培养团队合作意识。一个队伍，必须团结，必须互相协作，才能取得胜利。一支一盘散沙的队伍，哪怕它的每个队员都是最顶尖的，也不会有取胜的希望。一辆马车，当拉车的马匹在各自向自己的方向用力时，它还能前进吗？

体育还可以培养竞争意识。一个人，必须有一种动力，一种不愿落后的信念，方能取胜。

本书以通俗易懂、简洁明了的语言，对体育常识、体坛轶闻等作了一些详尽的描述，对各项影响较大的体育盛会、全民热衷的体育运动作了深入浅出的介绍，从而让读者对体育事业有一个全面的认识与了解。

目录 Contents

Ch1 运动会——全民狂欢日

奥运会
——全人类的盛宴 / 2

足球世界杯
——让世界都疯狂 / 4

一级方程式赛车
——速度极限 / 6

冬奥会
——冬天里的一把火 / 8

亚运会
——亚洲人的狂欢节 / 10

全运会
——全国人民齐放歌 / 12

世锦赛
——最高水准的比赛 / 14

Ch2 田径运动——突破人类极限

短跑
——与猎豹争雄 / 18

中长跑
——速度与耐力的较量 / 20

马拉松
——意志的锤炼 / 22

跨栏
——源自牧羊人的游戏 / 24

接力跑
——唯一的集体项目 / 26

竞走
——不是跑、快似跑 / 28

跳远
——要飞得更远 / 30

三级跳远
——最年轻的田径项目 / 32

跳高
——与地球重力叫板 / 34

撑竿跳高
——飞跃城池河流 / 36

推铅球
——扔石块的升级 / 38

Ch3 41 球类运动——人类生活在球上

足球
——让地球疯狂 / 42
篮球
——飞人的竞技场 / 44
排球
——飞翔的运动 / 46
橄榄球
——冲撞激烈的运动 / 48
网球
——优雅的贵族运动 / 50

羽毛球
——老少皆宜的运动 / 52
棒球
——竞技与智慧的结合 / 54
乒乓球
——中国的国球 / 56
台球
——贵族的运动 / 58

Ch4 61 水上运动——人类离不开水

自由泳
——游得最快的泳姿 / 62
蛙泳
——最古老的泳姿 / 64
蝶泳
——最优美的泳姿 / 66
仰泳
——最轻省的泳姿 / 68

花样游泳
——水中芭蕾 / 70
跳水
——游龙戏水 / 72
冲浪
——勇敢者的运动 / 74
水球
——水中手球赛 / 76

目录 Contents

Ch5 79 体操运动——人体到底有多柔

跳马
——骑士的运动 / 80

鞍马
——骑术的升华 / 82

吊环
——空中的杂技 / 84

单杠
——勇者的运动 / 86

双杠
——木棍上舞蹈 / 88

高低杠
——上下翻飞 / 90

Ch6 93 对抗搏击——华山论剑

击剑
——决斗必备技能 / 94

拳击
——用拳头来说话 / 96

散打
——艺高人胆大 / 98

柔道
——温柔的摔跤 / 100

跆拳道
——飞腿踢人 / 102

空手道
——日本的功夫 / 104

图说经典百科

第一章
运动会——全民狂欢日

奥运会是一切运动会的鼻祖。在奥运会之后,人类社会又产生了无数的运动会,这些运动会以其特有的魅力,让人类的生活更加多姿多彩,更加井然有序。

奥运会
——全人类的盛宴

奥林匹克运动会,原由古希腊举办,后基督教兴起,认为这是异教徒的活动,予以制止。到19世纪,法国的教育家顾拜旦呼吁奔走,于是有了现代奥运会的诞生。

古希腊人的桂冠

古希腊人在公元前776年规定,每四年在奥林匹亚举办一次运动会。相传奥运会的举行是著名的英雄赫拉克勒斯首创的。赫拉克勒斯把国王的刁难一一化解,国王却想赖账,一怒之下的赫拉克勒斯便将国王驱逐,并用国王搜刮的民脂民膏举办了一场盛大的集会。在集会期间,尚武的赫拉克勒斯要求人们进行各种技能本领的比试,这就是奥林匹克运动会的起源。

运动会举行期间,无数的希腊人相聚在奥林匹亚这个希腊南部风景秀丽的小镇,载酒狂欢。公元前776年,在这里举行第1届奥运会时,多利亚人克洛斯在192.27米短跑比赛中获得冠军,成为奥运会荣获第1个项目的第1个桂冠的人。

从公元前776年开始,到公元394年止,历经1170年,共举行了293届古代奥林匹克运动会。公元394年,奥林匹克运动会被禁止,这是将基督教立为国教的罗马皇帝狄奥多西一世的命令。

全世界都在狂欢

1889年7月,在法国巴黎召开的国际田径代表大会上,法国教育家皮埃尔·德·顾拜旦讲述了他恢复古希腊奥运会的设想。

经过顾拜旦多年的奔走呼告,恢复古希腊奥林匹克运动会的设想终于得到了人们的理解和支持。

1891年1月,顾拜旦以法国田

径协会联合会秘书长的身份，向全世界几乎所有的体育组织和俱乐部发出邀请——参加于1894年6月16日开始在法国巴黎索邦神学院召开的国际体育运动代表大会，此次大会后来被追认为第1届奥林匹克代表大会。

参加这次会议的有来自9个国家37个体育组织的78名代表，大家通过决议复兴奥运会，规定此后每隔4年举办一次奥运会，并选出由15人组成的国际奥林匹克委员会。顾拜旦起草国际奥委会章程，阐述了奥林匹克运动的哲学基础、教育和美学意义，奠定了奥林匹克运动的理论基础，使奥林匹克运动发展成为持续的体育盛会与和平运动。这次大会标志着现代奥林匹克运动的诞生，顾拜旦则被人们誉为"现代奥林匹克之父"，而6月23日也就成了"国际奥林匹克日"。

1896年4月6日至4月15日，希腊雅典举办了第1届现代奥运会。此后的百余年中，除两次世界大战期间有短暂停止外，奥运会一直是世界上最盛大的体育集会。

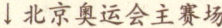
↓北京奥运会主赛场

足球世界杯
——让世界都疯狂

很多体育项目都是世界杯赛事,但影响最大的世界杯,还是足球比赛的世界杯。足球世界杯是世界上数十亿球迷的狂欢节,是世界上最顶尖的球星展示自己风采的绝佳舞台,也是各商家打出名气的最佳时机。

激情燃烧的世界杯

从1930年在乌拉圭举行第1届世界杯开始,到2022年在卡塔尔举行的第22届,足球世界杯已经走过了九十余年的风风雨雨,带给全世界人类无尽的欢乐。

巴西队是世界杯历史上获得荣誉最多的一支国家队,从第1届世界杯开始,巴西队闯入决赛的次数最多,他们的队史上,写满了光辉。

巴西队也是目前夺得最多世界杯足球赛冠军的球队,曾经于1958年、1962年、1970年、1994年及2002年夺得冠军。巴西的邻居阿根廷,也是一个足球天才辈出的国家,与巴西一起撑起了拉美足球的

足球↓

大旗。

欧洲国家也是世界杯上夺冠的常客，英国、法国、德国、意大利和西班牙，都曾经获得过世界杯足球赛的冠军。

意大利的防守足球，先使得自己立于不败之地，往往会出其不意地夺得冠军。德国人严谨、顽强和遵守纪律的性格，也使得德国队成为一支实力军团，每每在世界杯上有所斩获。

欧洲足球与南美洲足球，是世界足球两大主要流派，这两派系双峰对峙，是世界足坛的最强音。

壮怀激烈的世界杯

世界杯预选赛阶段分为六大赛区进行，分别是欧洲、南美洲、亚洲、非洲、北美洲和大洋洲赛区，每个赛区需要按照本赛区的实际情况制订预选赛规则，而各个已报名参加世界杯的国际足联会员国（地区）代表队，则需要在所在赛区进行预选赛，争夺进入世界杯决赛阶段的名额。

世界杯决赛阶段的名额目前是32个，决赛阶段主办国可以直接获得决赛阶段名额。除主办国外，其他名额由国际足联根据各个预选赛赛区的足球水平进行分配，不同的预选赛赛区会有不同数量的决赛阶段名额。

决赛阶段32支球队通过抽签被分成8个小组，每个小组4支球队，进行分组积分赛，各个小组的前两名共16支球队将获得出线资格，进入复赛；进入复赛后，16支球队按照既定的规则确定赛程，不再抽签，然后进行单场淘汰赛，直至决出冠军。

↓南非世界杯球迷

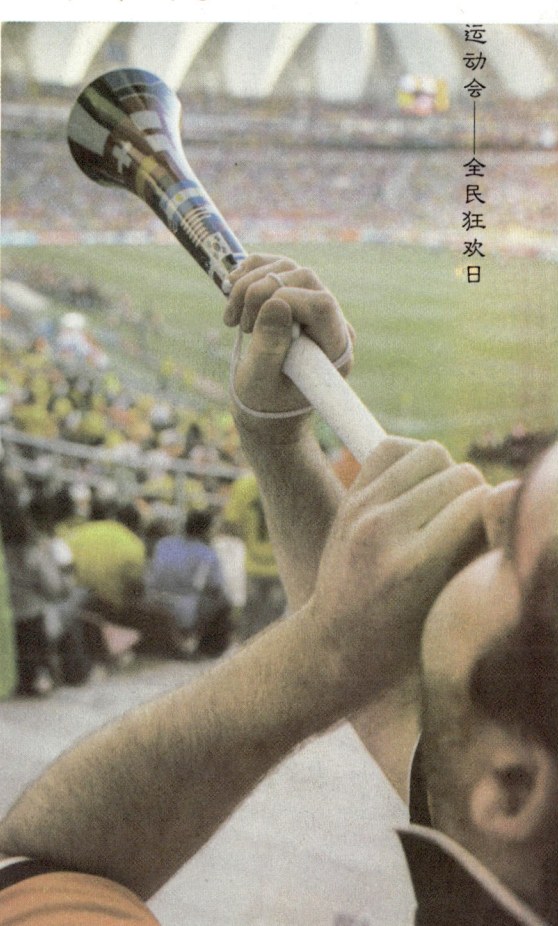

一级方程式赛车
——速度极限

人类对速度的追求是无止境的，方程式赛车就是人们对速度的迷恋的最直接的表现。当依靠体力的跑步不再是人类的最快极限时，借助汽车的方程式赛车便取而代之成为人类的最爱。

享受飞速的快感

赛车运动兴起已有100多年时间，世界上第一场赛车比赛是1887年在巴黎举行的。赛车运动分为两大类，场地赛车和非场地赛车。场地赛车又分为漂移赛、方程式赛、轿车赛、运动汽车赛、GT耐力赛、短道拉力赛等；非场地赛车分为拉力赛、越野赛及登山赛等。方程式赛车中又分一级方程式、三级方程式、印地赛车、美国冠军方程式等。一级方程式赛车通常称为F1，是世界上最昂贵、速度最快、科技含量最高的运动，是商业价值最高、魅力最大、最吸引人观看的体育赛事之一。一级方程式赛车以空气动力学为主，加上无线电通讯、电气工程等世界上最先进的技术，使之成为高科技体育竞技项目。

F1使用的是单一年度联赛制度，积累全年积分来决定车手和车队的成绩，以便产生冠军。

在F1大赛举办过的所有比赛中（1950—2011年），欧洲的举办次数最多，其次是北美洲，最少的是大洋洲。

最初的车赛通常是利用城市的街道和公路作为赛道，而且比赛规则也不完善，使得事故频发。后来随着专业赛道的出现和比赛规则的不断完善，F1赛事越来越安全，速度也越来越快。同时，各种高科技、新技术的应用，也让F1越来越具有观赏性，越来越动人心魄，吸引了众多的观众。

F1的桂冠归属

F1的年度总冠军分为两种，车手总冠军及车队总冠军。车手总冠军在观众们的眼里，是英雄，是偶像，是要顶礼膜拜的。而在很多专家的眼中，车队总冠军的价值要大于车手总冠军。

F1的计分方式采用积分制，车手与车队的积分都是累积的。车队积分则以两位车手积分累加。假如比赛在未达全部赛程75%时被迫中止，则积分必须乘上1/2。通过各站赛积累计分，方可决出本年度车手及车队的世界冠军。若最终积分相同，则比较分站冠军数、亚军数、季军数……直到一方比另一方多为止。如果依旧相同，还要比较正赛最快圈速的多少、杆位的多少，终极的方式将通过抽签决定。

↓F1赛车

冬奥会
——冬天里的一把火

随着冰雪项目越来越受欢迎和关注,冬奥会这个奥运会的小兄弟,也在展示着自己的独特魅力,欲与奥运会比肩。

冬奥会的起源

冬季奥林匹克运动会,简称为冬季奥运会、冬奥会。冬奥会是国际奥林匹克委员会主办的世界性冬季项目运动会。

19世纪末和20世纪初,一些冰雪运动如滑雪、滑雪橇、滑冰、冰球等项目在欧美国家逐渐得到普及和发展。1887年,挪威成立了世界上第一个滑雪俱乐部。1890年,加拿大成立了世界上第一个冰球协会。1892年国际滑冰联盟在荷兰成立。1893年,在阿姆斯特丹举行了首届男子速度滑冰锦标赛。1908年,法国成立了世界范围的国际冰球联合会。

在冰雪运动日益普及的情况下,现代奥运会创始人顾拜旦建议单独举办冬季奥运会。

冰天雪地里的激情燃烧

第1届冬季奥林匹克运动会是于1924年在法国的夏慕尼举行的。

在1908年第4届和1920年第7届奥运会中,曾将花样滑冰、冰球列为比赛项目。1924年,在第8届奥运会前,法国的夏慕尼举行了国际体育周,并进行冬季运动项目比赛。1925年,国际奥委会布拉格会议决定了冬奥会的诞生,并将夏慕尼国际体育周追认为第1届冬季奥运会。

冬奥会与夏季奥运会一样,都是每隔4年举行一届。第1届冬奥会,是与夏季奥运会一起在同一个国家举行,并且在同一年举行的。

从1928年的第2届冬奥会开始,冬季奥运会与夏季奥运会的举办地点改在不同的国家。1986年,国际奥委会全会决定将冬季奥运会和夏季奥运会从1994年起分开每两年间隔举行,1992年冬季奥运会是最后一届与夏季奥运会同年举行的冬奥会。

知识链接

米加、魁特奇、苏米是2010年温哥华冬奥会吉祥物,它们是从全世界177份提案中选出的,其创意来自于加拿大原住民的神话故事。

米加是一只正在滑雪的北极熊,创意来自于不列颠哥伦比亚省原住民的民间传说,讲述虎鲸到达陆地时变成熊的故事。米加是白灵熊的一种,是不列颠哥伦比亚省独有的罕见白熊。

魁特奇是个非常害羞、温柔的北美野人,是太平洋西海岸当地原住民传说中受众人喜爱的人物。

苏米是一只戴着虎鲸帽子,用大雷鸟的翅膀飞行,用毛茸茸的黑熊腿奔跑的动物精灵。苏米的名字来自于萨利希语的"Sumesh"一词,意思是"守护神"。

↓第21届冬奥会曾在温哥华举行

亚运会
——亚洲人的狂欢节

亚运会是亚洲人的运动盛会，是这个世界上最大的洲且人口最多的洲的节日，是亚洲人民快乐的呼声。

远东运动会孕育亚运会

亚运会的前身是远东运动会。

远东运动会是由菲律宾体育协会于1911年发起的，每两年举办一次，轮流在菲律宾的马尼拉、中国的上海和日本的大阪举行。远东运动会先后共举行了10届，1934年中止。

二战结束后，因战争而中断了12年的奥林匹克运动会又再次恢复举行。1948年伦敦奥运会举办期间，中国与菲律宾的体育界人士计划恢复远东运动会，并与亚洲各国体育界人士商讨。

这时的亚洲体育界人士也产生了组建一个统一的亚洲体育领导机构，以推动亚洲体育运动发展的愿望。

印度体育界领导人古鲁桑迪认为仅仅是远东运动会不足以体现亚洲体育运动的水平和亚洲人民的团结精神，主张创办一个亚洲所有国家参加的亚洲运动会。他召开了关于成立亚洲体育运动组织的筹备会议。会议决定起草亚洲运动会的有关文件和章程，并确定于1949年2月在印度首都新德里举办第1届亚洲运动会。

因印度国内原因，这届运动会延期至1951年举行。从此之后，亚运会作为亚洲最大的综合性运动会，一直延续下来。

东道主真正做主

亚运会的比赛项目不像奥林匹克运动会那样有严格的规定，除田径、游泳、足球、篮球等影响较为广泛的项目每届都必须列入外，主办国可根据自身的条件和运动技术水平适当增减比赛项目。

如第3届亚洲运动会在日本举行，日本增加了自己的强项乒乓球、排球、网球等；第4届在印度尼西亚举办，印度尼西亚增加了该国擅长的羽毛球；第10届在韩国举行，又加入了跆拳道；第11届在我国举行，则取消了跆拳道，增加了武术等项目。

当然，比赛项目的增减与变换都必须得到亚奥理事会的同意和批准，东道国无权随意安排。

亚洲运动会的比赛项目经历了从少到多的发展过程，从第1届的6项逐渐增至第16届的42项。前16届亚运会举办过的项目分别有射箭、田径、羽毛球、棒球、篮球、台球、保龄球、拳击、皮划艇、自行车、马术、击剑、足球、高尔夫球、体操、手球、曲棍球、柔道、卡巴迪、空手道、现代五项、赛艇、橄榄球、藤球、射击、软式网球、垒球、壁球、游泳、乒乓球、跆拳道、网球、排球、举重、摔跤、武术、帆船、铁人三项、标枪等。

↓广州亚运会主会场

全运会
——全国人民齐放歌

中华人民共和国运动会简称"全运会",是中国国内水平最高、规模最大的综合性运动会。

全国人民的盛会

首届全运会于1959年9月13日至10月3日在北京举行。全运会每四年举办一次,一般在奥运会结束后一年举行。全运会比赛项目的设置除武术外,基本与奥运会相同。

1959年9月13日,新中国成立以来举行的第一届全国运动会在北京工人体育场开幕。全运会共设36个比赛项目,毛泽东、周恩来、刘少奇、朱德等党和国家领导人出席了开幕式,贺龙致开幕词。

参加运动会的有包括军队在

↓第十一届全运会开幕式

内的28个省、市、自治区的29个代表团10658名运动员。运动员平均年龄只有21岁。运动会期间，有7名运动员4次打破游泳、跳伞、射击、航空模型4项世界纪录，有664名运动员844次打破106个单项的全国纪录，有99名赛艇和无线电运动员44次超过第16届奥运会冠军和社会主义国家无线电比赛的最高成绩。

闭幕式上，对新中国成立10年来打破世界纪录和获得世界冠军的40多名运动员颁发了"体育运动荣誉奖章"。

↓济南全运会开幕式

知识链接

2009年在山东举办的第十一届全运会的吉祥物"泰山童子"以充满文化、自然内涵和动人传说的泰山为基础，并结合现代体育理念、国泰民安的吉祥寓意进行创作。泰山地处山东，东临大海，西近黄河。它浓缩着东方文化精髓，是民族的根、生命的根，是天人合一、社会和谐的美好精神象征。"登泰山而览众山小"，既体现了坚韧不拔、奋勇争先的体育精神，又展现了登高望远、憧憬未来的宽广胸怀。数千年文化精神渗透和现代文明渲染，赋予"五岳之首"更加丰富的积极内涵。

世锦赛
——最高水准的比赛

多种多样的世锦赛是各种体育运动的最高赛事,是运动员体现自身价值的重要赛事。

锦标赛的起源

现代体育赛事中,最早采用锦标赛制的项目是足球比赛。锦标赛制是乌拉圭人1916年为足球比赛发明的,实际上是联赛制与杯赛制的混合体,参赛队先分组单循环赛,然后进行淘汰赛,既保证了各队至少3场比赛交流的机会,又使大赛逐渐推向高潮。由于南美足联主办美洲国家杯赛届届成功,乌拉圭足协主办首届世界杯赛不仅没有赔本,竟然还可以给所有决赛参赛队分红,解决所有参赛队和国际足联比赛官员往返旅行费用,所以欧洲足联从1980年起也采用锦标赛制,欧洲杯赛的全称也就改为欧洲国家足球锦标赛。

杯赛制也就是淘汰赛制,是英格兰足协1863年发明的,各队通过抽签捉对,胜者晋级,负者打道回家,直到决出冠军举杯者。1980年之前的共5届欧洲杯赛,都是采用杯赛制。

联赛制也是英格兰人发明的,始于1888年,各队和同组或同级别的球队双循环主客分别较量两场,以积分多少排出名次,避免了偶然因素,各队都赢得当年性命攸关的主场票房收入。锦标赛制在足球上取得重大成就后,其他体育项目也纷纷采用,如乒乓球、羽毛球、篮球等。

锦标赛的标准

锦标赛亦称"单项锦标赛"、"冠军赛"。国际锦标赛由各运动项目的国际组织定期举行。国家锦标赛由国家主管体育运动的机关或各项运动的全国性协会定期举行。

锦标赛是排名在一定水平以上的运动员才可以参加,而且每个国家的选手都有数量限制。比如世界羽毛球锦标赛,我国的选手排在前20的有很多,而且理论上可以列为种子选手的人也应该大有人在,但是由于有参赛人数的限制,有些人就失去了机会。锦标赛的地位和奖金、积分等要比公开赛高很多,因为它和奥运会的比赛一样,是这个项目最高级别的个人赛事。

↓田径赛场

图说经典百科

第二章
田径运动——突破人类极限

田赛和径赛合称田径运动。以高度和距离长度计算成绩的跳跃、投掷项目叫"田赛"，以时间计算成绩的竞走和跑的项目叫"径赛"。田径比赛由田赛、径赛、公路跑、竞走和越野跑组成，此外还包括部分田赛和径赛项目组成的"十项全能"。

短跑
——与猎豹争雄

短跑是以最快的速度，跑完规定的距离，并以最先跑完者为优胜的项目。短跑是最基础的田径比赛项目。

从古希腊一路跑来

短跑是田径比赛中最基础也是最受关注的运动项目。每一次的短跑明星，每一个破纪录的短跑名将，都将成为人们追捧的目标。无论是几十年前的刘易斯，还是当年风光无限的博尔特，他们的影响和意义都远远地超越了田径，超出了体育。

短跑一般包括：50米跑、60米跑、100米跑、200米跑、400米跑。

根据记载，公元前776年，在希腊奥林匹克村举行的第1届古代奥林匹克运动会上就有了短跑比赛项目。当时的跑步姿势采用的是躯干前倾较大，大腿抬得很高，脚落地离重心较近，步幅较小的"踏步式"跑法。起跑是采用"站立式"姿势，并把大石块置于脚后，借助蹬巨石之力来加快起跑的速度。

1887年，短跑比赛中开始采用"蹲踞式"起跑。1927年，比赛有了起跑器，但到1936年第11届奥运会上才被正式采用。在这个阶段，短跑技术有了很大的发展，由脚跟先着地改进为前脚掌着地，并形成了一种"摆动式"的跑法。由于短跑技术的改进，推动了短跑成绩的迅速提高。

女性也能快跑

女子参加短跑比赛是从1928年第9届奥运会开始的，当时100米纪录是12.2秒。经过49年，到1977年，女子100米创造了10.88秒的世界纪录（电动计时）。女子200米

↑传奇短跑运动员杰西·欧文斯

比赛直到1948年第14届奥运会才开始，经过了30年的发展，即到1978年提高到22.06秒的成绩（电动计时）。

2000年8月9日，在斯德哥尔摩进行的瑞典国际田径大奖赛上，美国女飞人琼斯的百米夺冠速度高达10秒68，这是自1988年以来第三个"最快"，仅次于格·乔伊娜的10秒49的世界纪录及琼斯1998年跑出的10秒65。虽然由于风力超过规定，琼斯的破赛会纪录不被承认，但大会仍然授予琼斯一颗价值一万美元的1克拉钻石，这种钻石用来表彰任何一名取得突出成绩的优秀运动员。

知识链接

世界田径运动主要有如下重大赛事：

奥林匹克运动会：奥林匹克运动会现在已经成为和平与友谊的象征，能在奥运会上获得一枚田径奖牌自然是所有田径运动员的梦想。

世界田径锦标赛：世界田径锦标赛是创始于1983年的国际性田径赛事，主办机构是国际田径联合会，最初是每四年一届，1991年起改为每两年一届。

残奥会田径比赛：1960年，田径运动项目第一次出现在罗马残奥会上，当时只有轮椅运动员参加。至今，残疾人田径运动是残奥会运动员参赛类别最多、级别设置最多的项目。

国际田联黄金联赛：国际田联黄金联赛，旨在吸引世界最优秀的田径选手参与到比赛中。黄金联赛已经成为国际田联每年最重要的系列赛事，各项目的选手都在为50千克重的黄金奋力拼争。

中长跑
——速度与耐力的较量

中长跑，是耐力、意志力、爆发力和战术能力的结合体，是一种常见的、古老的田径运动。

中长跑的起源

中长跑是中距离跑和长距离跑的简称，800米以上距离的跑步项目都属于该类别。中距离跑项目有男、女800米和1500米；长距离跑项目有男子5000米和10000米，女子3000米、5000米和10000米。中长跑是历史悠久且开展普遍的运动项目。在2000多年前的古代奥林匹克运动会上就有中长跑比赛。19世纪，中长跑在英国已盛行，后来世界各国也都相继开展起来。中国从1910年起也有了中长跑的比赛。

英国最初的长跑项目为4英里（约6437米）跑、6英里（约9656米）跑，从19世纪中叶开始，逐渐被5000米跑和10000米跑替代。据记载，现代最早的正式长跑比赛是1847年4月5日在英国伦敦举行的，英国人杰克逊以32分35秒的成绩夺得6英里（约9656米）跑冠军。奥运会比赛项目男、女均为5000米跑和10000米跑。男子项目1912年列入奥运比赛；女子5000米跑1996年列入奥运比赛，10000米跑则于1988年列入奥运比赛。

中国女子中长跑

已经过去的2011年大邱世锦赛女子10000米项目，中国因为报名成绩不达标，无缘参赛。

这实在是一件很悲哀的事情。

曾经在1993年德国斯图加特世锦赛上大放异彩的中国女子中长跑队，2011年连达到报名成绩都是奢望。

2007年大阪世锦赛，女子1万米的B标成绩为32分20秒，中国无人达标,放弃参赛;2009年柏林世锦赛,原来练马拉松的张莹莹临时改项参加女子1万米,结果被冠军马萨伊"套圈",仅名列第18;2011年大邱世锦赛,女子1万米B标成绩提高到32分整,中国队最拿得出手的成绩是32分36秒25。而"东方神鹿"王军霞保持的女子万米纪录为29分31秒78。

逆水行舟不进则退,没有进步是一件很悲哀的事情,但是更悲哀的是退步。曾经称霸世界的中国女子中长跑,是否还有复兴的希望?这需要很多人更长时间的努力。

知识链接

王军霞,早在刘翔之前,她就以黄种人身份创造了一项又一项的田径奇迹。王军霞在职业生涯里获奖无数,在1993年,她被评为全国十佳运动员之首并获英国环球电视台"环球体育最佳运动员"、世界"十佳运动员"称号。1994年,王军霞在美国纽约接受了第14届杰西·欧文斯国际奖,这是中国也是亚洲运动员首次获此殊荣,她也因此被誉为"东方神鹿"。

↓ 中长跑是一项考验运动员耐力的比赛项目

马拉松
——意志的锤炼

马拉松是国际上非常普及的长跑比赛项目，全程距离26英里385码，折合为42.195千米。在极限运动的概念出现之前，它就是唯一的极限。

马拉松的起源

马拉松赛是一项长跑比赛项目，其距离为42.195千米。这个比赛项目的距离为什么不是整数呢？这要从公元前490年9月12日发生的一场战役讲起。波斯国王大流士一世渡海西侵，进击阿蒂卡，在距雅典城东北的马拉松海湾登陆。雅典军奋勇应战，在马拉松平原打败波斯军队。为了让故乡人民尽快知道胜利的喜讯，统帅派一个叫菲迪皮得斯的士兵回去报信。

菲迪皮得斯为了让故乡人早知道好消息，就一个劲儿地快跑，当他跑到雅典时，已喘不过气来，只说了一句"我们胜利了！"便体力衰竭倒地而亡。菲迪皮得斯因而成为希腊的民族英雄。

为了纪念这一事件，在1896年举行的现代第1届奥林匹克运动会上，设立了马拉松赛跑这个项目，并把当年菲迪皮得斯送信跑的里程——42.195千米作为赛跑的距离。

马拉松的发展

1896年举行首届奥运会时，顾拜旦采纳了历史学家布莱尔的建议，以马拉松之战这一史实设立一个比赛项目，并定名为"马拉松"。

由于马拉松比赛一般在室外进行，不确定因素较多，所以在2004年1月1日前，马拉松一直使用世界最好成绩，没有世界纪录。

2004年雅典奥运会首次将奥运会的最后一个比赛项目男子马拉松

的颁奖典礼安排在闭幕式上举行。在东道主希腊人看来，马拉松比赛是奥运会的"灵魂"之一，在闭幕式上为马拉松运动员颁奖，是奥林匹克回归初衷的一种象征。2008年北京奥运会，也继承了这一做法。

2004年1月1日，国际田联宣布了一项新决定：包括马拉松在内的公路赛跑和竞走项目将告别只有世界最好成绩的时代，开始拥有世界纪录。

世。后来希腊政府为了永久纪念这位伟大的民族英雄，用大理石重建了他的陵墓，并在上面刻上了象征奥林匹克运动的五环。

知识链接

肯尼亚选手特盖特，在2003年9月28日的第30届柏林马拉松赛上创造了2小时4分55秒的世界最好成绩，这个成绩在2004年1月1日被国际田联宣布为男子马拉松的第一个世界纪录。

在2007年9月30日进行的柏林马拉松赛上，34岁的埃塞俄比亚名将格布雷西拉西耶以2小时4分26秒的成绩创造了新的男子马拉松世界纪录。

扩展阅读

1896年4月10日这一天是第1届奥运会的最后一个比赛项目——马拉松。希腊人格外激动，因为在此前已进行的11个项目中，希腊运动员还未获得一枚金牌，他们把全部希望寄托于马拉松赛跑。

这次比赛只有25名选手，希腊的唯一选手是一名士兵，叫斯皮里东·路易斯。25岁的路易斯十分沉着而自信，途中还偶尔呷一口酒。在运动场内的观众焦急地等待选手们的到来。路易斯第一个出现在雅典运动场内。这时全场七万希腊观众一片欢腾。王储康斯坦丁和乔治王子在路易斯的身旁，陪着他跑完了最后一百米。路易斯终于以2小时58分50秒获得了冠军。

1940年，斯皮里东·路易斯逝

↓马拉松比赛现场

跨栏
——源自牧羊人的游戏

刘翔的出现，让更多的中国人认识并爱上了跨栏这项运动。这项起源于苏格兰牧羊人的运动，在古老的中国焕发出了新的生机。

不断被刷新的纪录

跨栏跑要求运动员要在一定距离内，跨过规定的高度和数量的栏架。它是一项技术性较强的短跑项目。跨栏跑运动起源于英国。17至18世纪的时候，英国一些地区畜牧业相当繁茂，牧民们经常需跨越畜栏，追赶逃跑的牲畜。节日里，一些喜爱热闹的年轻牧民还常常举行跳越羊圈的游戏，他们把栅栏搬到平地上，设若干个高矮和羊圈相仿的障碍，看谁能跑在最前面，这就是跨栏比赛的雏形。

国际跨栏比赛中，男子为110米高栏，栏高106厘米，栏数10个；女子为100米低栏，栏高84厘米，栏数10个。

目前110米栏的世界纪录为12秒80，由美国名将梅里特在2012年国际田联钻石联赛最后一站比赛——布鲁塞尔站比赛中男子110米栏的比赛中创造。中国选手刘翔曾于北京时间2006年7月12日（当地时间7月11日）瑞士洛桑田径超级大奖赛男子110米栏的比赛中创造12秒88的世界纪录。

跨的那道栏

18世纪末，跨栏活动正式成为体育运动项目。当时人们把它叫作障碍跑，属于男子运动项目。当时设置的障碍物是一般的栅栏，后来出现了埋在地上的木栏架，再后来又改为木制支架。

但跨越这种障碍物，不但容易发生伤害事故，而且也妨碍跨栏跑技术的提高，因此跨栏跑在早期一直让运动员们心存顾虑。

1935年开始的跨栏比赛中出现了"L"形栏架,栏板只要受4千克的冲撞力量,就会向前翻倒。"L"形栏架较为合理和安全,一直沿用至今。

1837年在英国首次举行了大学生跨栏跑比赛。1896年第1届奥运会,跨栏跑是正式比赛项目之一。

● 扩展阅读

刘翔,中国田径赛场上的传奇人物,是中国体育界的超级明星。

2004年雅典奥运会上,刘翔以12秒91的成绩平了保持11年之久的世界纪录,2006年7月11日(北京时间7月12日),刘翔以12秒88的成绩获得瑞士洛桑田径超级大奖赛金牌,并打破沉睡13年之久由英国名将科林·杰克逊创造的12秒91的世界纪录。这是亚洲男子110米栏的选手第一次打破世界纪录。

2009年12月11日,在东亚运动会田径男子110米栏决赛中,刘翔以13秒66的成绩再次轻松夺得冠军,成就"三冠王"。

↓跨栏

接力跑
——唯一的集体项目

接力跑，是人们耳熟能详的一种运动，也是田径运动中唯一的集体项目。

接力跑的规则

接力跑是由几个人组成接力队，每人跑完一定的距离，用接力棒或接力带进行传递，相互配合跑完全程的集体径赛项目。

接力跑是多人田径项目。选手会传接30厘米长的金属圆棒。他们必须在接棒区内接棒。当拿着棒的选手接近，将接棒的选手便开始跑，以更早达到最高速度。因此，接力赛的成绩除以选手人数通常比独立项目的成绩要快。根据选手的速度，接力赛的选手位置通常如下：第二快、第三快、第一最慢、第四最快。如果站出了跑道，会被取消资格。

接力跑通常以队为单位，每队4人，每人跑相同距离。奥运会比赛项目分男、女4×100米接力跑和4×400米接力跑。

接力跑的起源

关于接力跑的起源，有一种说法是由非洲人接力运送木材演变而来的。非洲人在茂密的森林中砍伐木料后，道路崎岖，运送困难，于是采用了接力的方法。搬运过程中，彼此进行速度比赛，看谁搬得快，运得多。

另一种说法是在17世纪时，葡萄牙一艘军舰外出，水兵上岸游

↓接棒

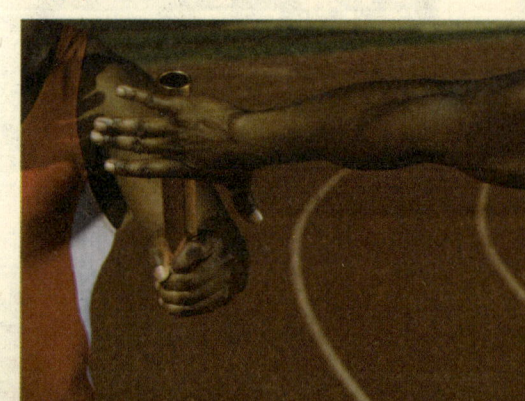

玩，发现当地居民聚在一起进行一种有趣的游戏：参赛者分成若干组，每组4人，每组有一人拿着空坛，比赛开始后，持空坛的人迅速跑向50米外的水坛，将水倒入空坛，然后拿着空坛跑回交给本组第二人。如此循环往复，直到全组跑完，最先跑完者获胜。葡萄牙水兵将这种游戏带入欧洲，并加以改变，以木棒代替空坛，很快就成为学校中的一项很受欢迎的运动，后来又演变成田径运动中的现代接力赛。

19世纪末，接力跑被正式列为田径赛项目。当时的比赛规则规定接棒人在20米接力区内，跑进中从传棒人手中接棒。而现在4×100米接力，接棒人在接力区前10米即可开始预跑，但传接棒仍在20米的接力区内完成。1912年，男子4×100米和4×400米接力跑被正式列为奥运会比赛项目。

女子4×100米接力跑和4×400米接力跑分别于1928年、1972年被列入奥运会比赛项目。

↓ 接力赛是"团结"的最好诠释

竞走
——不是跑、快似跑

竞走是从日常行走的基础上发展出来的运动，规则规定支撑腿必须伸直，从单脚支撑过渡到双脚支撑，在摆动腿的脚跟接触地面前，后蹬腿的脚尖不得离开地面，以确保没有出现"腾空"的现象，而这也是竞走与跑步的主要分别。

◆ 长途跋涉的竞赛

竞走也是起源于英国，在1867年，英国举行了第一次竞走锦标赛。

19世纪末，部分欧洲国家盛行从一个城市到另一个城市的竞走旅行。1866年，英国业余体育俱乐部举行首次冠军赛，距离为11.27千米。到了19世纪90年代，这项运动在德国盛行起来。1893年举行的维也纳到柏林的竞走比赛，全程长达578千米。

竞走于1908年正式成为奥运会比赛项目，并且分为3500米及10千米两种赛程。1932年的奥运会首次加入50千米竞走的公路赛。自1956年起，20千米及50千米竞走正式成为奥运会的比赛项目，并且在公路上进行。从1961年起，每年举行卢迦诺杯竞走比赛，以后发展成为世界杯赛，男选手争夺卢迦诺杯，女选手角逐爱斯堡恩杯。

女子竞走比赛始于1932年的捷克，直至1992年的奥运会，女子10

↓竞走的塑像

千米竞走才正式成为比赛项目。这一项目也是在公路上进行，中国运动员陈跃玲夺得首枚奥运女子竞走金牌。

不能弯腿的行走

竞走分场地竞走和公路竞走两种。场地竞走设世界纪录；公路竞走因路面起伏等不可控因素较多，成绩可比性差，故仅设世界最好成绩。运动员行进时，两脚必须与地面保持不间断接触，不准同时腾空，着地的支撑腿膝关节应有一瞬间地伸直，不得弯曲。比赛时，运动员出现腾空或膝关节弯曲，均给予严重警告，受3次严重警告即被取消比赛资格。

竞走时，运动员躯干自然伸直或稍前倾。两臂屈肘约90度，在体侧作前后协调有力的摆动，两臂配合下肢动作，调节走的速度，走步时身体重心尽量作向前的直线运动，过大的上下起伏和左右摇摆不利于提高走速，也会消耗较多能量。现代竞走技术中的鲜明特点是突出骨盆沿身体纵轴的前后转动。举行20千米以上竞走比赛时，每隔5千米设一饮料供给站。饮料由橘汁、加糖浓茶、葡萄糖及少量食盐配成。

↓ 竞走比赛
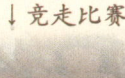

跳远
——要飞得更远

跳远是田径运动跳跃项目，又称急行跳远，由助跑、起跳、腾空和落地等动作组成。运动员沿直线助跑，在起跳板前沿线后用单足起跳，经腾空阶段，然后双足在沙坑落地。比赛时以跳的远度决定名次。

最早的飞行

跳远是最古老的竞技项目之一，在古希腊奥林匹克的"五项运动"中就有跳远。

据史料记载，首次正式的跳远比赛是在公元前708年举行的，距今已有2700多年的历史。当时跳远的设施非常简单，只是把地面的土质刨松，然后在前面放一条槛代替起跳板。为避免落地时产生伤害事故，后来用沙坑代替了松土。

18世纪末，法国教育家把跳远列为锻炼身体的重要项目之一，并详细介绍了跳远运动的设备和训练方法，高度肯定了跳远在人体运动中的重要作用。

随着时间的推进，跳远运动的纪录不断被打破。在近代田径比赛

↑ 跳远

中，有记载的第一个男子跳远世界纪录是英国运动员麦切尔在1864年创造的，成绩为5.48米。比蒙在第19届奥运会获得跳远冠军，其8.90米的世界纪录一直保持了20多年，才被美国选手鲍威尔以8.95米的新纪录打破。

有技巧的跳

现代跳远始于19世纪末，1896年第1届奥运会上被列为正式比赛项目，1948年第14届奥运会上又增加女子比赛项目。

现代跳远的腾空动作有蹲踞式、挺身式和走步式。20世纪70年代出现前空翻跳远，因危险性大，被国际田联禁用。

跳远中的助跑是有一定距离和步数的加速跑，它能使人体获得最大水平速度，为起跳做好准备。起跳是助跑后身体按适宜的角度向空中快速腾起的过程。

起跳腿在踏板上要经历放脚、缓冲、蹬伸3个阶段。在起跳腿蹬离地面的同时，摆动臂和摆动腿要协调配合做摆动动作，其要领是抬头、挺胸、提肩、拔腰。空中姿势一般分为蹲踞式、挺身式、走步式3种。无论采用哪种空中姿势，双腿在起跳离地的瞬间都有一个跨步姿势的"腾空步"动作。蹲踞式要求在落地前，尽量将双腿提至胸前并高举落地。挺身式要求腾空后下放摆动腿和双臂，将髋、胸充分展开，然后收腹举腿落地。走步式在腾空时采用2步半和3步半两种技术，要求在空中做大幅度的前后迈步换腿动作，并与两臂协调配合。落地动作一般有"前倒缓冲法"、"侧倒缓冲法"、"坐臀缓冲法"。其目的是维持好身体重心平衡，避免发生伤害。

扩展阅读

1896年第1届奥运会上，跳远被列为正式比赛项目。1912年国际业余田径联合会成立后追认了英国运动员P.奥康纳1901年在都柏林创造的7.61米成绩为第1个世界纪录。1931年日本的南部忠平，创造了7.98米的世界纪录。1935年著名美国运动员J.欧文斯凭借他出众的助跑速度和强有力的起跳，以简单的蹲踞式技术，把世界纪录提高到了8.13米。

1960年，美国运动员R.博斯顿以8.21米的成绩打破了欧文斯保持了25年的世界纪录。随后他与苏联的捷尔·奥瓦涅相分别于1965年、1967年先后达到8.35米的水平。在1968年第19届奥运会上，美国的R.比蒙创造了8.90米的世界纪录。

三级跳远
——最年轻的田径项目

三级跳远又叫作三级跳,是奥运会田径比赛项目之一,受到体育爱好者的广泛关注。

源于游戏

三级跳远起源于18世纪中叶的苏格兰和爱尔兰,两者跳法不同。苏格兰采用单足跳、跨步跳、跳跃,而爱尔兰用的是单足跳、单足跳、跳跃。现规定必须使用苏格兰跳法。最早的三级跳正式比赛可以追溯到1826年3月17日首次举行的苏格兰地区运动会,比蒂创造了12.95米的第一个纪录。比赛时,运动员助跑后应连续作3次不同形式的跳跃,第一跳为单足跳,用起跳腿落地;第二跳为跨步跳,用摆动腿落地;第三跳为跳跃,必须用双脚落入沙坑。男子三级跳远于1896年被列为首届奥运会比赛项目;女子三级跳远于20世纪80年代初逐渐广泛开展,1992年被列为奥运会比赛项目。

田径中的小字辈

三级跳远是田径运动中发展较晚的一个项目。1896年第1届奥运会上,三级跳远被列为正式的比赛项目,当时的最好成绩是13.71米。

最初的三级跳远技术是比较低级的,人们对于这项运动的技术特点,认识比较肤浅,第二跳的跨步跳,仅仅是作为第一跳和第三跳的过渡。1936年日本运动员第一个跳了16米,其技术特点是第一跳跳得高而远,起跳有力,动作灵巧。但第二跳起跳迟缓,距离较短,三跳的节奏不均匀。以后各国运动员曾努力使三级跳远发展到三跳紧密衔接,没有停顿的技术阶段。巴西的一名运动员在1955年跳出了16.56米的新水平。

20世纪50年代中期，苏联运动员改进了"单脚跳"的技术，其特点是腾空抛物线高，交换腿的时间晚，用高摆腿的落地方式，使成绩又有新的提高。20世纪60年代初，波兰运动员跳过了17米，其技术特点是助跳速度快，腾空抛物线低，身体的向前性好，第三跳跳得远。人们在不断的运动实践中加深了对三级跳的认识。

三级跳远是在助跑以后沿直线连续进行三次跳跃的一项运动。由于这项运动使下肢的负担很重，所以对身体素质的要求比其他项目要高一些。它要求运动员有快速的助跑速度和良好的弹跳力，以及强大的腿部力量。

扩展阅读

维克托·萨涅耶夫于1945年10月3日出生，少年时代热衷于跳高运动，由于膝部受伤，后来改练跳远和三级跳远。1964年，18岁的萨涅耶夫获得了欧洲青年比赛跳远和三级跳远两项冠军。1967年，他的跳远成绩为7.50米、三级跳远的成绩为16.67米，都已达到世界一流水平。为了在第二年的奥运会上取得好成绩，他作出了明智的选择，决定主攻三级跳远。

1968年10月17日，在第19届奥运会上，萨涅耶夫不但夺得三级跳远金牌，而且创造了17.39米的世界纪录。在1972年的第20届奥运会上，他又以17.35米的成绩蝉联冠军。

1976年，萨涅耶夫第三次夺得奥运会金牌，成绩为17.29米。1980年，35岁的萨涅耶夫本来没有获得国内奥运选拔赛的前三名，但苏联体育当局破例让他参加了第22届奥运会。他不负众望，以17.24米的成绩夺得银牌，险些完成四连冠的伟业。萨涅耶夫4次参加奥运会，夺得三金一银，在奥运史上是获三级跳远金牌最多的运动员。

↓三级跳

跳高
——与地球重力叫板

跳高，田径运动跳跃项目之一，又称急行跳高，由有节奏的助跑、单脚起跳、腾空过杆与落地等动作组成，以其最后成功地越过横杆上缘的高度计算成绩并以此判定名次。

把自己抛起

跳高运动最初起源于英国，是从体操项目中派生出来的。跳高运动自19世纪60年代在欧美开始普及，1896年第1届奥运会列为比赛项目。过杆技术有跨越式、剪式、滚式、俯卧式、背越式等。

跳高运动是征服高度的运动项目，是人类不屈不挠、勇攀高峰的象征。也有人称跳高是一项失败者的运动，因为每次比赛，运动员在跳过一个高度以后，还要向新的高度挑战，直到最后跳不过去为止。

由于技术类型不同，运动员在完成助跑、起跳、过杆、落地的各动作方法上各有差异。助跑使人体产生向前的速度，增加起跳时的支撑反作用力和加快起跳动作。背越式跳高采用的是弧线助跑，距离长，速度快，动作自然。其他姿势一般都采用直线助跑，距离短，速度较慢，身体重心低。起跳是人体在助跑后，迅速转变运动方向向上腾起，为过杆做好准备的预备式。背越式、跨越式、剪式跳高起跳时，起跳腿是在远离横杆一侧起跳。

俯卧式和滚式跳高时，起跳腿是在近于横杆一侧起跳。背越式为屈腿摆动，其他姿势一般为直腿摆动。背越式过杆时，身体由侧对横杆转向背对横杆，然后以手臂、头、肩顺序过杆；髋部在杆上充分伸展成背卧和反弓姿势。

远古的运动

跳高作为一种游戏活动可以追

溯到远古时代。跳高运动在各个国家的不同时期都曾广为流传。在古代日耳曼人中曾盛行过跳越横排马匹的比赛，有人最多跳越过横排着的6匹马。非洲的图西人还曾有过利用厚木头的跳板或石头踏跳进行的跳高比赛。

1864年，英国首先将跳高列入田赛比赛项目，英国人柯奈用跨越式跳过了1.70米的高度。

男子跳高于1896年首届奥运会上被列为正式比赛项目。女子跳高于1928年开始正式列入奥运会项目。

剪式跳高起源于美国。19世纪末，美国东部州运动员创造并采用了这一跳高姿势，故曾被称为"东方式"；又因跳时身体各部分成波浪形状依次越过横杆，因此也有"波浪式"之称。滚式跳高亦源于美国。20世纪初，美国西部州运动员创造并采用滚式跳高，因跳时运动员形似滚过横杆而得名。又因美国运动员霍拉英首用此式创造2.01米世界纪录，因而又称"霍拉英式"。俯卧式跳高起源于20世纪20年代，20世纪40年代时已被普遍采用。现在，最流行的是背越式跳高，而其他几种跳高方式在大赛中已几乎绝迹。

扩展阅读

20世纪60年代，世界上男女跳高运动员普遍采用"俯卧式"。

当时该项角逐在美国的J.托马斯和苏联的B.H.布鲁梅尔之间争夺很厉害。托马斯首先征服和超过2.20米。布鲁梅尔18岁时就创造了世界纪录，以后连续几年提高成绩，到1963年已将男子跳高世界纪录提高到2.28米。

↓跳高

撑竿跳高
——飞跃城池河流

撑竿跳高是田径运动项目的一种。运动员借助竿子支撑和弹力，以悬垂、摆体和举腿、引体等竿上动作使身体越过一定高度。撑竿跳高是一项技术复杂的田径运动项目。

体操运动变成了田径运动

现代的撑竿跳高运动是由原始的撑竿跳跃演变而来的。在古代，人们为了适应生活和生产的需要，在交通设备极不完善的条件下，就曾用木棍撑过河沟和不高的障碍，后来在军队中用撑竿跳过战壕、矮墙等办法作为训练士兵战斗技能的手段。

撑竿跳高刚刚成为体育运动项目时，作为体操项目，流行于德国学校。1789年德国的布施跳过1.83米，这是目前世界上有据可查的最早成绩。

作为田径运动项目，撑竿跳首先在英国开展，1843年4月17日，英国职业选手罗珀在彭里斯越过2.44米。

撑竿跳发展到现在有了严格的规则：比赛时，运动员必须将撑竿插在插斗内起跳；起跳离地后，握竿的手不得向上移动；可以在规定的任一起跳高度上试跳，但每一高度只有3次试跳机会。男、女撑竿跳高分别于1896年和2000年被列为奥运会比赛项目。

竿的千变万化

19世纪前期，撑竿跳的撑竿是用前端装有尖头的木杆，运动员助跑后把竿头插在地上起跳，沿着撑竿向上爬，当撑竿将要倾倒时，迅速越过横杆，落在铺有沙子的地面上。1889年，撑竿跳高规则规定：不许运动员在起跳离地后双手交换上爬。1906年时，有人在助跑起跳离地后，采用摆体的技术，跳过了3.78米的高度，创造了用木杆跳高的最高纪录。

由于木杆质硬、量重、弹性差，影响比赛成绩的提高，1909年，比赛便开始采用竹竿。在1924年巴黎奥运会上采用了木制的插斗和沙坑。1942年有人跳过了4.77的高度，创造了用竹竿跳高的最高纪录。

竹竿虽然重量较轻，有一定的弹性，但是握杆点到了4米以上时容易折断，因此1930年开始有人试用了金属撑竿。1952年以后，铝合金撑竿被各国运动员广泛采用。1961年时，有人用金属撑竿跳过了4.83米的高度。

金属撑竿虽然坚固，不易折断，但是质地硬，弹性差，不易提高握杆点，从而影响成绩的继续提高。早在1948年就有少数运动员开始试用化学纤维制成的尼龙撑竿，到1962年国际田联承认用尼龙撑竿创造的成绩以后，这种器材就被世界各国撑竿跳高运动员广泛采用。到1976年，有人用尼龙撑竿创造了5.70米的世界纪录。

↓撑竿跳

推铅球
——扔石块的升级

推铅球是奥运田径投掷项目之一，它对增强体质，特别是发展躯干和上下肢力量有显著的作用。

人力投石器

推铅球起源于古代人类用石块猎取禽兽或防御攻击的活动。现代推铅球始于14世纪40年代欧洲炮兵闲暇期间推掷炮弹的游戏和比赛，后逐渐形成体育运动项目。铅球的制作经历了用铁、铅以及外铁内铅的过程。正式比赛中，男子铅球的重量为7.26千克，直径11—13厘米；女子铅球的重量为4千克，直径为9.5—11厘米。早期推铅球没有固定的方式，可以原地推，也可以助跑推；可以单手推，也可以双手推；还出现过按体重分级别的比赛。20世纪50年代，美国运动员奥布赖恩发明背向滑步推铅球技术，该技术被称为"铅球史上的一场革命"。20世纪70年代，苏联运动员巴雷什尼科夫发明旋转推铅球技术，由于旋转后难以控制身体平衡，至今只有极少数运动员使用。比赛时，运动员应在直径2.135米的圈内，用单手将球从肩上推出，铅球必须落在落地区角度线以内方为有效。男、女铅球分别于1896年和1948年被列为奥运会比赛项目。

中国巾帼大力士

2011年大邱田径世锦赛女子铅球比赛中，代表中国出战的是柏林世锦赛季军巩立姣与队友李玲，目标瞄准奖牌。2007年和2009年两届世锦赛冠军、北京奥运会金牌得主、新西兰名将维利，这一赛季最好成绩创造者、2005年世锦赛冠军白俄罗斯选手奥斯塔普丘，是该项目冠军的最有力争夺者。

女子铅球一直是中国队的传统优势项目，名宿黄志红曾经在1991

年和1993年两夺世锦赛冠军，1995年则取得银牌。大邱世锦赛，中国队的参赛阵容依旧很强大，2009年世锦赛季军得主巩立姣自然是奖牌的热门人选，2007年世锦赛第四名获得者李玲，实力也不容小觑。但是，很遗憾，在2011年世锦赛上有很大夺金希望的推铅球，最终一无所获——巩立姣获得第四名，而李玲获得第六名。

2009年的柏林世锦赛，巩立姣曾以19.89米获得铜牌，成为亚特兰大奥运会后，首位取得世界顶级赛事铅球项目奖牌的中国运动员。巩立姣的队友李玲，在师从维利前教练海勒尔后进步神速。早在2007年大阪世锦赛，李玲就以19.38米获得第四名。但此后由于性情太过直爽，李玲一再与教练闹矛盾。随着与教练的分分合合，李玲的成绩不仅停滞不前，反而有所滑落，在2008和2009年间，她的赛季最好成绩一直在19米以下。

直至与维利的前教练海勒尔合作后，李玲才重新走上正轨。广州亚运会，李玲以19.94米的个人最好成绩，将巩立姣挤到第二的位置，时隔4年再度站上亚运会最高领奖台。一时的失败，算不得真正的失败，只有从挫折中得到经验与教训，从而取得进步，才是体育的真正魅力所在。

↓推铅球

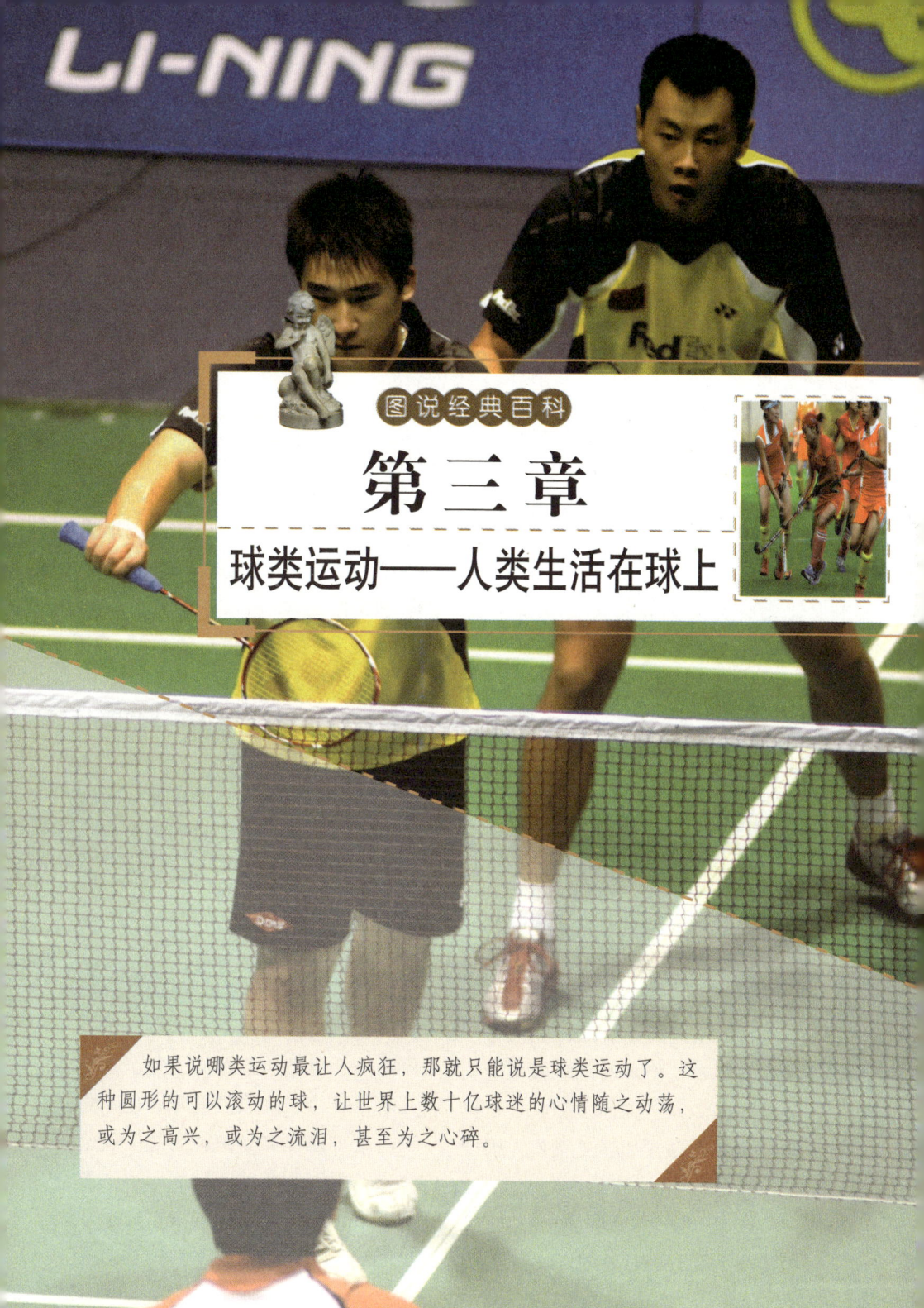

图说经典百科

第三章

球类运动——人类生活在球上

如果说哪类运动最让人疯狂，那就只能说是球类运动了。这种圆形的可以滚动的球，让世界上数十亿球迷的心情随之动荡，或为之高兴，或为之流泪，甚至为之心碎。

足球
——让地球疯狂

足球是世界上影响最大的运动，是足以让整个地球为之疯狂的运动，无数的人们为之欢呼流泪，无数的产业为之兴起。

足球的魅力有多大

足球的历史可谓悠长久远。早在古希腊就有一种用脚踢球的游戏。以后，罗马人在此基础上又有所发展。在罗马人征服欧洲的数百年间，这种运动便得以在英伦三岛广为流传。据说那时已有罗马人为一方，大不列颠土著居民为一方所进行的比赛。但那时踢球很危险，时常是许多人一拥而上朝某个目标踢去，常常有参加者受重伤，因此曾一度被禁止。

但是，随着时间的推移，足球运动却愈加普遍，在英伦各地发展出各种各样的新规则。到了伊丽莎白女王的后期，足球比赛已能登堂入室，节日期间常举办壮观的比赛为人们助兴。1602年，在康沃里举办过一次大规模足球比赛，双方球门相距五六千米，轰动了整个地区。

以后的200年间，英伦三岛进行了各种不同形式的比赛，规则也不尽相同。那时还没有人打算把规则统一起来，也没有把各地方的队组织起来的想法。那时的比赛相当粗野、激烈，有的队员故意踢对方的小腿而不是踢球，简直和斗殴毫无二致。

1863年10月26日，英国人在伦敦皇后大街弗里马森旅馆成立了世界第一个足球协会。会上除了宣布英格兰足协正式成立之外，还制定和通过了世界第一部较为统一的足球竞赛规则，并以文字的形式记载了下来。这个规则为其他足球运动发达地区和国家做出了榜样。它的诞生，标志着足球运动的发展进入了一个崭新的阶段。因此，人们公认1863年10月26日，即英格兰足球协会成立之日为现代足球的诞生日。

欧洲派和南美派大PK

世界足球在发展了一百多年之后的今天，已经可以大致分为两大流派：欧洲派和南美派。世界杯的冠军基本被这两个地区的球队包揽了，世界上最好的球员也基本上出自这两个地区。

欧洲派素以注重体力、强调整体配合著称于世。欧洲球员一般身材高大，动作泼辣，拼抢凶狠，推进迅速，防守以盯人为主。

南美派则讲究个人技术，无论传、接、带、过人、射门均有独到之处。他们的打法细腻，认为技术是第一位的，体力和速度是第二位的。他们喜欢二三人的短传配合，快速插上，重视个人突破和随机应变。

在1942年前，人们对南美足球的技艺知之甚少。但在1942年，南美的乌拉圭在巴黎奥运会上连胜美、法、荷兰和瑞士，夺得冠军，着实让欧洲人大开眼界。南美人的精彩表演给古老的欧洲足球带来了另一种踢法，此后，欧洲人开始注重个人技术了。

20世纪下半期，欧洲和南美的足球交流逐渐增多，大量南美职业球员流入欧洲，于是两大派球技有了广泛的接触和学习的机会，相互之间取长补短，差别也逐渐缩小。如今最著名最成功的足球俱乐部巴萨就是汲取了很多南美足球的有益成分而日益壮大的。

扩展阅读

贝利与马拉多纳是20世纪最伟大的两个球星，他们的球迷数以亿计，是无数孩子崇拜的偶像。

贝利：1940年10月23日生于巴西可拉可斯。

国家队纪录：92场比赛，77个进球。

贝利被巴西当作国宝，是巴西人的骄傲。巴西总统曾经说要千方百计地阻止贝利去国外的俱乐部踢球。贝利有一次去非洲一个正在内战的国家踢球，这个国家的政府军与反政府军因此提议休战三天，原因是"要看贝利踢球"。

迭戈·马拉多纳：1960年10月30日生于阿根廷拉努斯。

国家队纪录：90场比赛，34个进球。

篮球
——飞人的竞技场

篮球在这个世界上有着数不清的痴迷者，是一项几乎可以与足球相抗衡的运动。篮球出现的时间并不长，但是它在这短短的一百多年中，创造了无数的传奇。

◆ 篮球与美利坚

现代篮球运动产生于1891年，美国马萨诸塞州斯普林菲尔德市，由基督教青年会的一所训练学校的体育教师——詹姆士·奈斯密创造。他也因此被誉为"现代篮球之父"。

1898年，美国成立了世界上第一个职业篮球组织——国家篮球联盟，英文简称为NBL，并开始了职业性联赛。但由于当时篮球规则还不完善，组织机构也不健全，经过几个赛季后，该组织就名存实亡了。

今天被世界所熟知的NBA成立于1946年6月6日。成立时叫ABA，即全美篮球协会，是由十一家冰球馆和体育馆的老板为了让体育馆在NHL（即"国家冰球联盟"）比赛以外的时间，不至于闲置而共同发起成立的，所以NBA也被称为

↓扣篮瞬间

"NHL的小弟弟"。

1949年，美国两大篮球组织ABA和NBL合并为"NBA"。

1967年，又有一个新的篮球组织ABA（美国篮球协会）宣告成立，著名的球星乔治·迈肯任第一位主席。

1976年，由于经营不善，ABA被美国NBA吞并，原ABA球队丹佛掘金、印第安纳步行者、纽约网队和圣安东尼奥马刺并入NBA。NBA球队增加到22支。从此，NBA形成对美国篮球业的垄断。

篮球的奥运之旅

1904年，在第3届奥林匹克运动会上第一次进行了篮球表演赛。1908年，美国制定了全国统一的篮球规则，并有多种文字出版，发行于全世界。1936年，第11届奥运会将男子篮球列为正式比赛项目，并统一了世界篮球竞赛规则。

此后，从1936年到1948年的10多年间，篮球比赛规则曾多次修改。1952年和1956年第15、16两届奥运会的篮球比赛中，两米以上运动员出现了多人，国际业余篮球联合会曾两次扩大篮球场地的"限制区"。

1977年，国际赛事增加了每队满10次犯规后，在防守犯规时罚球两次，防投篮时犯规两罚有1次不中再加罚1次的规定。1981年又将10次犯规后罚球的规定缩减到8次。

很明显，人员素质的提升，技术、战术的发展引起了规则的改变，而规则的改变又促进了人员的技术、战术进一步发展变化。规则的改变对篮球比赛的攻守速度，对运动员的身体、技术、战术以及意志、作风等各方面都不断提出新的更高的要求，促进了篮球技术水平的迅速提高。

↓奥运篮球赛场

排球
——飞翔的运动

排球运动在世界范围内非常盛行，是世界三大球之一。在世界十大球类运动中，人们比较熟悉的篮球竟排末座，勉强挤进"十大"的行列，而排球却排在第五位。

取篮球网球之长

排球运动产生于美国，是美国马萨诸塞州霍利约克市，一位叫威廉·摩根的体育工作人员于1895年发明的。

在当时，网球、篮球开始盛行。摩根先生认为篮球运动太激烈，而网球运动量又太小，于是他想寻求一种运动量适中，又富于趣味性，男女老少都能参加的室内娱乐性项目，于是就想把当时已广为流行的网球搬到室内，在篮球场上用手来打。这种游戏开始时，他将网球网挂在篮球场上，用篮球隔网像打网球一样打来打去进行游戏。但室内篮球场面积较小，网球容易出界，于是他作了某些改进：一是把网球允许球落地后再回击的规则改为不许落地；二是把球网的面积扩大；三是改良球体。篮球太大、太重，不能按预想的方式进行游戏，便改试用篮球胆。而篮球胆又太轻，在空中飘忽不定，玩起来不方便，难于控制。最后，一家体育用品公司试做了一些圆周63.5—68.8厘米、重量255—346克、外表为皮制、内装橡皮球胆的球。经试验，这些球效果非常理想，于是就决定采用这种球——这就是第一代排球。现在国际标准用球虽历经百年，进行了千百次的改进，但球的规格和第一代的球几乎差不多。

亚洲的16人排球

斯普林菲尔德学院是排球的

发源地，该院的青年会是最早传播排球运动的组织。青年会的干事、传教士、春田学院毕业的学生以及参加第一次世界大战的美国军队，都成为排球运动的早期传播者。排球1900年第一次传入加拿大，同年传入亚洲的印度。1914—1918年，第一次世界大战期间，排球通过美国军队被带到欧洲。排球传入中国的时间也很早，早在1905年，中国南方的广州、香港等地就已经开展了排球活动。

亚洲排球在开展初期，上场人数不是6人而是16人。这是因为亚洲人多，打排球时又多在室外，为了让更多的人参与，便增加了人数。因此一开始菲律宾和日本都是16人制排球。

在1913年的第1届远东运动会上，排球也是采用的16人制。1919年第4届远东运动会上演变为12人制。1927年第8届远东运动会上演变为9人制。1950年7月，在中华全国体育总会举办的全国体育工作者暑期学习会上，首次介绍了6人制排球规则与比赛方法，1951年开始正式采用6人制排球。从此，6人制排球在中国逐步地开展起来。

↓沙滩排球

橄榄球
——冲撞激烈的运动

橄榄球盛行于英、美、澳、日等国家。美式橄榄球及英式橄榄球均从英国在19世纪中期流行的各种足球类运动的玩法中演变而来。其中,美式橄榄球是由英式橄榄球直接演变过来的。

橄榄球与拉格比

橄榄球起源于英国,原名拉格比足球,简称拉格比。因其球形似橄榄,在中国称为橄榄球。

橄榄球为什么会被叫作拉格比呢?拉格比与橄榄球到底有什么关系呢?

拉格比是英国中部的一座城市。那里有一所拉格比学校,它的一名学生W.W.埃利斯在1823年的一次校内足球比赛中因一次踢球失误,感到十分惋惜,竟然不顾一切地抱起球来就跑。以后,在该校的足球比赛中,抱球跑的情况频频发生,这虽是犯规动作,却给人以新的启示。久而久之,这种行为逐渐被人们所接受。就这样,拉格比足球在英格兰诞生了,并在英国及英联邦地区,渐渐推广,吸引了全世界各地方爱好运动的人们的兴趣,19世纪末流传到北美和大洋洲后又产生了很多变种。于是一项对于身体全面发展十分有益且具有很高锻炼价值的新的运动项目——橄榄球,就从足球运动中派生出来了。

美国最受欢迎的运动

19世纪中叶,美国东部经常举行一种类似足球的比赛,参赛者只要把球踢过对方的得分线即得分。参赛球队队员多达30人,有时更多。因为这种美式橄榄球最初只许用脚踢,故取名FOOTBALL,即足球之意,沿用至今。现在有人仍把这种橄榄球称为美式足球(NFL)。

19世纪60年代,美式橄榄

已经超越篮球成为美国人最喜爱的运动项目。由32支球队所组成的美国橄榄球联盟是最受欢迎也是美国目前主要的职业橄榄球联盟。其冠军赛超级杯拥有超过50%的电视收视率，同时全世界有超过150个国家电视转播这场比赛。"超级杯星期天"已经成为美国人的年度大戏，其举办时间介于一月底二月初之间。

大学橄榄球赛也十分流行，在没有拥有美国橄榄球联盟球队的地方尤其叫座。一些大学的球场拥有超过十万个座位，而且经常售尽所有门票。就算是高中学校的球赛亦常吸引超过一万名观众入场。而在美国许多的小城市，秋季每周所举办的大学与高中美式橄榄球赛事以及伴随一起的乐队与拉拉队表演已融入人们生活，并成为当地重要的文化特色之一。

↓ 橄榄球塑像

知识链接

橄榄球是一种冲撞型的运动。极多的身体冲击令橄榄球比其他美国流行的团队运动来得危险。为此，球员们都须穿上很多的特别保护装备，例如加垫的塑料头盔、护肩、护臀及护膝。这些护垫是在几十年前开始推出的，一直以来都在改进中，以达到减低球员创伤的目的。

虽然有保护装备及相关规定去保障安全，但是橄榄球的玩法令人受伤依然常见。根据美国国家严重体育伤患研究中心资料显示，2000年至2004年之间，有25名橄榄球员因橄榄球运动受伤而死亡。

有人批评橄榄球太过暴力。橄榄球跟篮球、足球及其他运动比较起来，的确有较多激烈碰撞。擒抱式橄榄球在美国的很多校园都被禁止。

另外，激烈的身体碰撞及受伤的高风险令橄榄球不太能吸引女性。橄榄球在过去几十年和躲避球、摔跤、曲棍球及拳击等项目一同被列为暴力运动。

网球
——优雅的贵族运动

网球是球类运动的一种，是世界上仅次于足球的第二大体育运动，是风靡世界的一项体育运动。

古式室内网球

网球运动的起源及演变可以用四句话来概括：网球孕育在法国，诞生在英国，开始普及和形成高潮在美国，现在盛行于全世界。

网球与高尔夫球、保龄球、桌球并称为世界四大绅士运动。它的起源可以追溯到12—13世纪的法国，当时在传教士中流行着一种用手掌击球的游戏，方法是在空地上两人隔一条绳子，用手掌将布包着头发制成的球打来打去。

这种运动不仅在修道院中盛行，而且也出现在法国宫廷。法国国王路易十世在位时，宫廷中就经常进行这种以消遣为目的的网球运动。1358—1360年，这种供贵族游乐的古式网球从法国传入英国。英王爱德华三世对网球产生了很大兴趣，下令在宫中修建一片室内球场。当时使用的是一种羊皮拍面的球拍，但是球的大小、重量没有详细记载。再后来，到15世纪发明了穿弦的球拍，16世纪古式室内网球成为法国的国球。以后，古式室内网球有了自己的规则，在欧洲，尤其在英国很是流行。

19世纪的网球发展

1873年，英国少校M.温菲尔德在羽毛球运动的启示下，改良了古网球运动，当时叫作司法泰克运动。随着这项运动的风靡，又诞生了草地网球。

1877年，英国伦敦郊外温布尔顿设置了几片草地网球场，草地网球在英国得到了进一步的开展。同年7月，英国举办了首届草地网球比赛，即温布尔顿第1届比赛。紧随英国之后开展网球运动的国家是美国。

1881年，世界上第一个全国性网球协会成立，即美国全国草地网球协会。该协会于当年8月31日至9月3日，在罗得岛纽波特港举行第1届美国草地网球的男子单打和男子双打比赛，采用了温布尔顿的比赛规则。

1887年，美国开始举行草地网球女子单打比赛；1890年举行女子双打比赛；1892年举行混合双打比赛。1896年第1届奥运会就有网球比赛，但由于业余与职业的问题，从第8届开始就被取消，直到第23届恢复，延续至今。

世界第二大运动

1912年3月1日在法国的巴黎成立了世界网球的最高组织——国际网球联合会。它的成立为网球的进一步发展开辟了一条更加广阔的道路。

20世纪70年代以后，网球又得到了进一步的发展。如今，网球已经成为仅次于足球的世界第二大体育运动。网球以其诱人的魅力和不断发展的技术赢得了越来越多的爱好者和观众。

1896年，在希腊首都雅典举行的第1届现代奥运会上，网球是奥运会八大比赛项目之一，也是唯一的球类比赛项目。这次比赛只有男选手参加，项目为单打和双打。女子单打、女子双打直到1900年和1920年才分别被列为奥运会正式比赛项目。

2004年，在第28届雅典奥运会上，中国女子双打运动员李婷和孙甜甜获得了网球女子双打冠军，为中国网球的历史写下了光辉灿烂的一页。

↓ 网球比赛

羽毛球
——老少皆宜的运动

羽毛球是一项古老的运动。在19世纪的英国，羽毛球就已成为有着明确规则的现代体育运动。

打手毽到"伯明顿"

早在两千多年前，一种类似羽毛球运动的游戏就在中国、印度等国出现。中国叫打手毽，印度叫浦那，西欧等国则叫作毽子板球。十四五世纪时的日本，也有一种羽毛球的原型诞生，当时的球拍为木质，球是樱桃核插上羽毛做成，两人用木板来回对打。

现代羽毛球运动诞生在英国。1873年，英国格拉斯哥郡的伯明顿镇一位叫鲍弗特的公爵在他的领地开派对，有几个从印度回来的退役军官就向大家介绍了一种隔网用拍子来回击打毽球的游戏，人们对此产生了很大的兴趣。因这项活动极富趣味性，很快就在上层社会社交场上风行开来。"伯明顿"即成为英文羽毛球的名字。1893年，英国14个羽毛球俱乐部组成羽毛球协会。

羽毛球运动约于1910年传入我国，并在新中国成立后得到迅速发展。20世纪70年代，我国羽毛球队已跻身于世界强队之列。

"无冕之王"到"独孤求败"

现代羽毛球运动在1910年传入我国后，最早在上海，随后在广州、天津、北京、成都等城市的基督教青年会和学校中有所开展。1949年后，羽毛球运动得到了快速的发展。

20世纪80年代之前，我国未加入国际羽联，故未参加世界性锦标赛。但是我国的羽毛球运动员与当时的世界强队进行过多次较量，多次取得优异的成绩，被许多外电誉为"无冕之王"。

直到1981年5月，国际羽联重

↑ 羽毛球比赛

新恢复我国在国际羽联的合法席位，我国运动员开始了在国际赛场上的拼杀，并屡屡夺冠。

1981年7月，在美国洛杉矶第1届世界运动会上，我国运动员陈昌杰、孙志安、姚喜明、刘霞和张爱玲夺取了男女单、双打的四项冠军。1982年，我国第一次参加了全英羽毛球比赛，张爱玲夺得女子单打冠军，徐蓉、吴健秋夺得女子双打冠军，李劲勇夺男子单打冠军。同年，中国队第一次参加"汤姆斯杯"赛，夺得冠军。

紧随其后，我国又涌现出了杨阳、赵剑华、熊国宝、李永波、田秉毅和林瑛、吴迪茜、李玲蔚、韩爱萍等一批世界羽坛顶尖高手，称霸20世纪90年代，进一步奠定了我国羽毛球技术水平处于世界羽坛领先地位的基础，在一系列世界大赛中夺得了多枚金牌，创造了中国羽毛球历史上的又一个辉煌时期。

进入新世纪，中国的羽毛球运动再次辉煌，涌现出一大批羽坛高手，男单的林丹、鲍春来、陈金等，女单的张宁、谢杏芳、王鑫等，男双的蔡赟、傅海峰，以及混双、女双等全面开花，几乎是举目四顾难寻敌手。

知识链接

林丹，奥运冠军，被称为"超级丹"，中校军衔。中国男子羽毛球队单打运动员。9岁进福建体校，12岁进入福州八一体工队，教练是何国权，18岁进入国家队，教练是伍佰强、汤仙虎、钟波、李志峰。2002年8月，不满19岁的林丹登上国际羽联排名第一的位置。2008年获奥运冠军。2010年获广州亚运会男单冠军。2011年8月14日于伦敦世锦赛上，获得第四个世锦赛男单冠军，同时他的世界冠军数达到了15个。北京时间2012年8月5日，在伦敦奥运会羽毛球男子单打决赛中，林丹夺得金牌，也因此成为首个卫冕冠军。

棒球
——竞技与智慧的结合

棒球是一种既强调集体协作性又讲究对抗性的球类运动项目，在国际上开展广泛，影响较大，被誉为"竞技与智慧的结合"。棒球在美国、日本尤为盛行，被其称为"国球"。

棒球的演变

用棒击球的游戏在古代的中国、希腊、埃及和罗马就已经出现。详细的历史记载是在12世纪中期的法国和西班牙。那时有一种节日游戏：复活节到来时，所有人都涌向大街，兴高采烈地各执一根棍棒打一个球。这种游戏传到英国并发展成"板凳球"。它的名字是由游戏中使用的挤奶女工的小板凳而来的。又过了一段时间，小板凳从一只增加到四只，攻守也轮流在各"垒"进行。经逐渐发展、演变，"板凳球"被称作"圆场棒球"，并很快流行全英国。

后来到美洲定居的英国侨民也把圆场棒球、板球和器材设备带到了美洲。约在18世纪初，游戏者舍弃了老式的球棒和球，又把木桩埋在地上作为"垒"。游戏的方法是圆场棒球和板球的结合，并增加了游戏者们想出来的新技巧。这种原始棒球在当时美洲殖民地的新英格兰地区很普及，但场地的形状和大小各不同，名称也很多，如"城堡球"、"一只老猫"、"马萨诸塞球"、"门球"，也称"棒球"。

美国的国球

棒球出现之后，很快风靡全美国。1840年时，棒球在美国年轻人中间已经很普及了。1842年，纽约人草拟了一个棒球场地图，成年人也开始喜欢和从事这项游戏，使得它逐渐发展成一项美国重要的运动项目。

1845年，"纽约人棒球俱乐部"在纽约成立，它是历史上第一个棒球俱乐部，它的出现有划时代意义。它规范了比赛场地并制定出标准的比赛规则。这些规则，有的一直沿用到今天。

1865年，棒球运动开始职业化，到1869年，世界上第一支职业棒球队——辛辛那提红袜队在美国宣布成立。随之，许多职业球队联合成各种不同的联盟。1871年，职业运动员联合成立全国职业棒球运动员协会，1876年改称全国职业棒球俱乐部联盟，简称全国棒球联盟，这是现存职业棒球组织中历史最悠久的。

棒球的魅力超越国界，它由美国传到南美洲、亚洲的国家和地区。

1978年5月20日，在希腊雅典召开的国际奥林匹克委员会全体会议上，棒球被批准为奥林匹克运动会正式比赛项目。

如今，棒球在美国、日本被奉为"国球"。在古巴等南美洲国家、韩国及中国台湾等地也很受欢迎，是开展得很普遍的运动项目。

↓棒球赛

乒乓球
——中国的国球

乒乓球运动属于隔网对抗型的技能类体育项目，起源于19世纪末的英国，目前是世界上参与人数最多的三个体育项目之一。

桌上网球

乒乓球的英语官方名称是"table tennis"，意思是"桌上网球"。1890年，几位驻守印度的英国海军军官偶然发觉在一张不大的台子上玩网球颇为刺激。后来他们改用空心的小皮球代替弹性不大的实心球，并用木板代替了网拍，在桌子上进行这种新颖的"网球赛"，这就是"桌上网球"得名的由来。

乒乓球出现不久，便成了一种风靡一时的热门运动。20世纪初，美国开始成套地生产乒乓球的比赛用具。一位美国制造商以乒乓球撞击时所发出的声音创造出ping-pong这个新词，作为他制造的"乒乓球"专利注册商标。Ping-pong后来成了乒乓球的另一个正式名称。当它传到中国后，人们又创造出"乒乓球"这个新的词语。

从20世纪初开始，乒乓球运动就在欧洲和亚洲蓬勃开展起来。1926年，在德国柏林举行了国际乒乓球邀请赛，后被追认为第一届世界乒乓球锦标赛，同时成立了国际乒乓球联合会。

在名目繁多的乒乓球比赛中，最负盛名的是世界乒乓球锦标赛，起初每年举行一次，1957年后改为两年举行一次。

中国国球

乒乓球自1988年成为奥运项目以来至2008年北京奥运会，共产生了24枚金牌，其中有20枚都落入中国代表队囊中，只有4金旁落——

两枚在汉城奥运会上被东道主韩国人拿走，一枚在巴塞罗那奥运会上留给了瑞典"常青树"瓦尔德内尔，还有一枚是雅典奥运会上王皓大意失荆州输给了实力并不如他的韩国柳承敏。而在亚特兰大和悉尼以及北京奥运会上，中国乒乓球队都是包揽四金，真可谓是名副其实的"梦之队"。

中国乒乓球兴起于20世纪50年代末，当时正是日本队处于巅峰状态之时。中国选手容国团在第25届世乒赛上，为中国夺得了第一个世界冠军，这个冠军对中国意味着太多：荣誉、尊严、自信。中国人把太多的希望与感情都浓缩在一个小小的乒乓球上。白色的乒乓球带动了当时5亿中国人奋发向上的干劲。自然而然地，乒乓球在中国普及开来，而且这种普及完全是发自人们内心的渴望。

1961年，第26届世乒赛在北京举行。这是新中国成立以后，中国举办的第一次世界大赛。中国队在家门口获得4枚金牌。这一次与乒乓球的零距离接触，再次把中国的乒乓球运动开展推向一个新高潮、新阶段。

1971年，著名的"乒乓外交"打破了中美之间的政治坚冰，成为世界外交史上的一段佳话。小球震动了地球，也由此确立了它在中国不可动摇的地位。没有任何一项体育运动，能像乒乓球这样让国人扬眉吐气，让世界对中国人刮目相看。乒乓球是国球，在中国体育发展史上写下了最浓重的一章。

扩展阅读

瓦尔德内尔被誉为乒坛常青树，与中国几代选手抗衡了20多年，是世界乒坛的一位标志性人物，是在历史上同时获得奥林匹克运动会金牌、世界乒乓球锦标赛冠军、世界杯冠军的男子选手之一（其他有中国选手刘国梁、孔令辉、张继科、马龙等）。同时他也是瑞典的英雄，为瑞典夺得了历史上第一枚乒乓球奥运会金牌。

↓乒坛宿将马琳

台球
——贵族的运动

台球被认为是一种高雅的贵族运动而风靡世界。台球历经几百年的发展，已有多种打法：俄式落袋台球、英式落袋台球、开伦台球、美式落袋台球和斯诺克台球，其中斯诺克最为流行。

士兵发明的运动

斯诺克台球的兴起可以追溯到1875年，是由驻扎在印度的一位英国军官内维尔·鲍斯·张伯伦和他的一帮战友们首先发明的。

在斯诺克球产生之前，台球游戏早就存在，而且有多种玩法。其中，有一种叫作"黑球入袋"的玩法，在内维尔·鲍斯·张伯伦所在的军队中非常流行。这种玩法只需要用1个白球、15个红球和1个黑球。有一天，内维尔·鲍斯·张伯伦和他的战友们觉得"黑球入袋"的玩法太简单、乏味，便决定增加黄色、绿色、粉色三个彩球进去。不久，又嫌不够，再加上了棕色球和蓝色球。这样，便形成了风行全球的22球斯诺克台球。

斯诺克台球被发明后很快便传回了英国。但是开始时斯诺克台球并不被刻板的英国人所接受，被认为是难登大雅之堂的游戏。

直到20世纪20年代出现了斯诺克大明星乔·戴维斯，斯诺克台球才真正开始在英国流行。乔·戴维斯真正可谓是斯诺克历史上的一位奇才，他的精湛技艺吸引了大批观众。1926年，在乔·戴维斯和他的朋友们的努力下，终于在伦敦举办了历史上首届斯诺克台球世界职业锦标赛。这奠定了斯诺克在台球界的地位。

斯诺克风靡中国

台球最早传到的亚洲国家是印度和泰国，后来是日本，传入中

国是在19世纪末。直到新中国成立前,也只有大使馆、租界地和北京、上海、广州、哈尔滨等几大城市有一些私人开办的小规模的台球厅室,只有几张球台。

台球真正在中国流行是在改革开放之后。1987年3月5日至8日,在北京举行的健牌杯中国国际台球大赛,可以说是一次世界台球第一流名手云集的大赛,有八位世界台球高手和中国八位选手参加比赛。这八位是世界排名第一的史蒂夫·戴维斯、第三的丹尼斯·泰勒、第五的吉米·怀特、第七的威利·索恩、第八的特里·格里菲斯、第十的托尼·米奥、第十三的尼尔·福尔兹、第十六的雷克斯·威廉斯。他们的精彩表演使我国观众大饱眼福,最后威利·索恩以5比2击败吉米·怀特夺得冠军。八位中国选手虽在第一轮比赛中被淘汰,但张燕斌在对吉米·怀特的比赛中赢了一局。通过电视转播,全国约有一亿观众欣赏了这次高水平的比赛,在我国掀起了一股台球热。

↓台球

图说经典百科

第四章

水上运动——人类离不开水

人类离不开水，就如鱼对水的迷恋一般。水是生命之源，戏水，是孩子与母亲的嬉闹，是人类在与自己的母亲撒娇。

自由泳
——游得最快的泳姿

在水中"爬"得最快

在竞技游泳比赛中，并没有"爬泳"这个项目，而设有"自由泳"项目。在自由泳比赛中可采用任何泳式游进，由于爬泳是游速最快的一种姿势，所以人们在自由泳比赛中都采用爬泳，这样，爬泳也通常被称为自由泳。

爬泳姿势结构合理，阻力小，速度均匀，是最省力的一种游泳姿势。爬泳时身体俯卧在水面上，两腿上下交替打水，两臂轮流划水，动作很像在爬行，故被称为"爬泳"。

自由泳是竞技游泳比赛项目之一，对技术没有规则限制。比赛时，运动员多采用速度最快的爬泳技术，致使人们把爬泳也称为自由泳。

自由泳的发展

澳大利亚人韦利士于1850年使用了一种双手在水面前移的泳姿，这算是爬泳的雏形。英国泳手约翰·特拉真于1873年采用了一种用腿击水再配合双手交替前爬的泳式，后来澳大利亚人李察卡尔又根据特拉真的泳式，创造了一种"浅打水"的踢腿方法。自此之后，腿的踢法就只有少许的变化。

自由泳实用性强，在奥运会游泳比赛中占有很重要的地位。奥运会自由泳项目男子有50米、100米、200米、400米、1500米、4×100米接力、4×200米接力7项；女子有50米、100米、200米、400米、800米、4×100米接力6项。自由泳项目在全部游泳项目31项中占13项，而且混合泳和混合接力中也包括自由泳，因此自由泳水平往往被看作衡量一个国家游泳水平的最重要标志。

扩展阅读

在几百万年的人类历史中,人们无论是为了捕猎、逃避猛兽还是遇上海难时的自救,游泳都是一门重要的求生技能。远在公元前2500年,古埃及已有类似游泳的活动。古罗马人兴建的巨大浴池,更是上流社会人士作为余暇游泳及社交活动之场所。早期的游泳活动,只被视为贵族子女教育及士兵训练的一个重要部分,直至18世纪末期,工人阶级参与游泳的时间及机会增多后,游泳才开始成为一种普及的活动。

竞技游泳源于英国及澳大利亚。在1850年至1860年间,英国与澳大利亚已有游泳比赛,后来传入其他国家。19世纪中期至20世纪初,世界各国的游泳比赛开始普遍起来,游泳总会亦相继成立。英国业余游泳总会于1869年成立,是第一个成立的国家游泳总会。至于国际业余游泳联会,则成立于1908年。

↓游泳比赛场馆

蛙泳
——最古老的泳姿

蛙泳是模仿青蛙游泳动作而产生的一种泳姿。蛙泳是一种最古老的泳姿，也是现代竞技游泳比赛项目的一种。

古老的泳姿

"蛙泳"一词在英文里是胸泳或俯泳的意思，日本称之为平泳。这种游泳姿势因俯卧在水面，划水与蹬腿动作酷似青蛙在水中游进，所以在中国一直称之为蛙泳。蛙泳时，身体姿势比较平稳，水的支撑面积大，动作省力，呼吸方便，能持久，适用于长时间、远距离游泳。

采用这种姿势游泳，容易观察目标，动作隐蔽，声音小，实用价值很大，长期以来被广泛应用于渔猎、水上搬运、泅渡、救护等，是在军队中较为流行的泳姿。

关于蛙泳的起源，说法不一。早在2000～4000年前，在中国、罗马、埃及就有类似这种姿势的游泳。相传在古埃及和罗马帝国时，它是猎人潜入水中捕捉水鸟的游泳方法之一。18世纪末，在欧洲军事学校中已设有专门教授蛙泳的课程。

老树新花

现代竞技游泳中的蛙泳，是在古代民间蛙泳的基础上发展起来的。最早叫古典式蛙泳，特点是两腿蹬水时，向两侧分开、伸直，然后向内夹水。

1875年8月24日，著名游泳运动员米·韦布采用蛙泳姿势横渡英吉利海峡，历时21小时45分。

19世纪初，蛙泳是第一种在游泳比赛中被采用的姿势。20世纪以前，蛙泳在竞赛活动中曾被广泛采用。但由于蛙泳速度慢，在比赛中相继又出现了侧泳、爬泳等速度更快的泳姿，于是采用蛙泳的人越来越少。自1900年澳大利亚的爬泳出现后，在不分项目的比赛中选择蛙泳的人就更少了。从1904年第3届奥运会开始，为了使蛙泳与其他姿势的竞赛条件均等，奥组委把蛙泳列为一个独立的比赛项目。

据记载，1913年第1届远东运动会上，中国已派有蛙泳运动员参加比赛。

知识链接

2007年1月29日，雅典奥运会女子100米蛙泳冠军、五枚世锦赛金牌得主、刚刚过完23岁生日的罗雪娟正式退役。这也宣告中国泳坛的罗雪娟时代落下帷幕。

2001年的日本福冈，罗雪娟让世界记住了这位年仅17岁的中国小姑娘——荣膺世锦赛女子蛙泳50米和100米双冠王，成为中国游泳新一代领军人物。

在雅典奥运会上，中国游泳队获得了一金一银。其中，罗雪娟在100米蛙泳比赛中摘得的金牌令人印象最为深刻。

在雅典奥运会上，作为两届世锦赛冠军，罗雪娟的夺冠呼声最为高涨，但在半决赛中她仅游出了1分08秒57，总成绩名列第七位。这也让人们对于她的夺金前景相当担心。

决赛当天，罗雪娟排在第一泳道。她，入水后就排在首位。虽然两名澳大利亚选手汉森和琼斯在后面不停地追赶，但罗雪娟还是一路保持领先，并最终以半个身位的优势获得冠军，1分06秒64的成绩同时也打破了奥运会纪录。

↓蛙泳

蝶泳
——最优美的泳姿

蝶泳是在蛙泳技术动作基础上诞生的，是四种竞技游泳姿势中最后发展起来的泳姿。

蛙中孕蝶

蝶泳技术是在蛙泳技术动作基础上演变而来的。当蛙泳技术发展到第二阶段时，也就是1937—1952年这一时期，在游泳比赛中，有些运动员采用两臂划水到大腿后提出水面，再从空中迁移的技术，从外形看，好像蝴蝶展翅飞舞，所以人们称它为"蝶泳"。蝶泳在4种竞技游泳姿势中是最后发展起来的泳姿。由于它的腿部动作酷似海豚，所以又称为"海豚泳"。

蝶泳的划水方法是由一名德国泳手首次在1926年的蛙泳比赛中使用的，当时，他仍使用蛙泳的踢腿方式。

1933年，美国人亨利·米尔斯在布鲁克林青年总会比赛中，首先采用两臂从空中移向前方，脚做蛙泳蹬水动作的泳姿。当时并没有单独的蝶泳比赛项目，蝶泳是在蛙泳比赛中出现的。

1952年的奥林匹克运动会之后，国际业余游泳联会决定将此泳式与蛙泳分开，因而增加了蝶泳，而且运动员还可以采用海豚式的踢腿方法。

水中蝶舞

蝶泳时，身体俯卧在水中，依靠两臂强有力的划水和腿的波浪形打水动作推动身体前进，没有固定的身体姿势，因此形成了现代蝶泳的技术特点之一。蝶泳在游进时身体呈波浪形，这对其他游泳姿势来说，被认为是不合理的，但是蝶泳成功地利用波浪动力来推动身体前进。

蝶泳与蛙泳分开后，蝶泳技

术得到了很快的发展。1953年5月31日，匈牙利一位运动员首先创造了蝶泳世界纪录，他的技术动作是一个周期内打三次腿。到了20世纪60年代，蝶泳形成了三种技术类型：一是两臂宽划水，打一次腿，拖一次腿；二是窄划臂，第一次打腿重，第二次打腿轻；三是高肘划水，臂划水路线成钥匙洞形，二次打腿均较重，有效划水路线长，目前许多优秀运动员都采用这种技术。

扩展阅读

菲尔普斯在2001年出道，在当年的世锦赛200米蝶泳赛中获冠军并打破世界纪录后，一发而不可收，一举夺得2003年世锦赛200米蝶泳，200米、400米个人混合泳，4×100米混合泳接力冠军，且5次打破世界纪录，并于2004年雅典奥运会夺得男子200米、400米个人混合泳，100米、200米蝶泳，4×200米自由泳接力和4×100米混合泳接力金牌；2007年游泳世锦赛夺得200米、400米混合泳冠军，100米、200米蝶泳冠军，200米自由泳冠军，4×100米、4×200米自由泳接力冠军，打破了5项世界纪录。2008年奥运会上，他又破纪录地独揽八枚金牌，震惊世界。

2011年7月27日，菲尔普斯在自己最为擅长的男子200米蝶泳项目上获金牌，但这是上海游泳世锦赛上菲尔普斯唯一的一块金牌。

"拿惯了金牌"的菲尔普斯之前一直在努力掩饰着自己的失落，但当又一次站到领奖台最高处时，菲尔普斯也说出了心里话："说实话，我不喜欢第二名，我喜欢当冠军，夺得第一名总是让人非常高兴，非常有成就感。"

2012年伦敦奥运会结束后，27岁的菲尔普斯选择了退役。

↓ 蝶泳

仰泳
——最轻省的泳姿

仰泳是竞技游泳比赛项目之一。仰泳又名背泳，是一种人体仰卧在水中的游泳姿势。

反蛙泳与反爬泳

仰泳是人体仰卧在水中进行游泳的一种姿势，仰泳技术的产生和发展有较长的历史，1794年就有了关于仰泳技术的记载。仰泳游进时身体仰卧，臂腿动作没有规则限制，多用交替划水和交替踢水配合技术。早期仰泳是两臂同时划水和两腿同时夹水配合，称为反蛙泳。由于配合效果不好，游速较慢，到1912年第5届奥运会时，美国人H·赫布纳改进技术，用两臂交替划水和两腿交替踢水配合，并取得成功。

后来开始有人采用类似爬泳的两臂轮流向后划水的游法。直到1921年才初步形成了现在的仰泳技术。

仰泳技术由于头部露出水面，呼吸方便，躺在水面上，比较省力，因此深受中老年人和体质较弱者的喜爱。

轻松学会仰泳

对很多游泳爱好者来说，仰泳看起来很漂亮，游起来却感觉不那么舒服，这其实是在一些技术问题上不得要领。

很多人仰泳时身体老是浮不起来，可能是由于腿部动作不合理。仰泳时双腿一定要绷直，膝关节、踝关节均伸直，双脚稍内扣。打腿时须大腿用力，直腿下压，两腿交替不能有停顿。初学者可以先在陆上做一些腿部模仿练习，来体会动作要领。

另外，仰泳不是全身放松地躺着，必须挺胸、收腹、挺腰敛臀。千万不能坐在水里，那样很快就会沉下去了。如果动作足够标准，想提高速度的话，仰泳时就要加快打腿的频率。一般平均打腿6次、划水1周是标准频率。

行进间两臂要交替划水，两臂之间保持180°最好。在水面上胳膊要伸直，手入水的时候大臂最好碰到自己的耳朵。手入水后，先屈腕，再屈肘，手至肚脐位置时再用力推水。

有的人抱怨仰泳时鼻子里进水。其实，这个问题很好解决，只要下巴尽量靠近自己的胸部就行了。

↓ 仰泳

花样游泳
——水中芭蕾

花样游泳原来是游泳比赛间歇时的水中表演项目，包含了游泳、技巧、舞蹈和音乐编排。花样游泳是一项兼具艺术性和竞技性的体育运动，深受人们喜爱。

水中芭蕾

花样游泳起源于欧洲。1920年，花样游泳创始人柯蒂斯开始将跳水和体操的翻滚动作编排成套，在水中表演。1930年后，花样游泳传入美国和加拿大，在原有的基础上又逐渐配上舞蹈、音乐和节奏。起初仅作为两场游泳比赛的场间娱乐节目，后来逐渐融入舞蹈和音乐，成为一项优美的水上竞技项目。

1934年，美国芝加哥万国博览会上举行了花样游泳的表演，从而使其名声大噪。1937年，世界上第一家花样游泳俱乐部在考斯特成立。1942年，美国业余体育联合会确认花样游泳为正式比赛项目。1952年，花样游泳被列为奥运会表演项目；1956年得到国际游泳联合会承认。1973年，第1届世界花样游泳锦标赛举行。1984年，在第23届洛杉矶奥运会上，花样游泳成为奥运会正式比赛项目，有单人和双人两项。1984年，花样游泳被列为奥运会正式比赛项目，设女子双人和团体两枚金牌。1984年8月，中国首届花样游泳锦标赛举行。1987年，我国第6届全运会将其列入正式比赛项目。

中国金花

美国和加拿大瓜分了自设立花样游泳比赛以来的前四届奥运会所有金牌，但是随着当年主力在1996年亚特兰大奥运会之后退役，俄罗斯与日本开始崭露头角，并在1998年世界锦标赛中称雄。中国、法国和意大利在这个项目上也进步很快。在亚洲，中国在这个项目上有较大潜力，日本、韩国是中国的强劲对手，夺取金牌是中国花样游泳健儿在很长时间内的目标。

2006年多哈亚运会上，蒋婷婷、蒋文文组合，首次战胜日本队，获得亚运会花样游泳双人金牌，打破了日本在这个项目上的亚洲垄断地位。2008年8月23日北京奥运会上，中国取得花样游泳集体自选动作比赛的铜牌，这是一个历史性的突破。中国双人组合蒋文文、蒋婷婷也取得突破，名列北京奥运会第四名。

2010年9月16日，中国花样游泳队在江苏常熟举行的第12届世界杯花样游泳比赛自由组合赛中，以97.20分摘得银牌。这是中国花样游泳队获得的首枚世界杯奖牌，实现了历史性的突破。在这一届世界杯上，中国队共夺得1金3银，位居奖牌榜第二，同时创四项历史纪录。2010年11月广州亚运会，中国花样游泳队包揽双人、集体和自由自选组合三枚金牌。2011年7月，上海国际泳联第14届世锦赛，中国花样游泳队获得了6银1铜的突破成绩。

2012年伦敦奥运会上，中国花样游泳队取得了集体项目的银牌，比北京奥运会的铜牌成绩又进了一步。

知识链接

国际业余游泳联合会简称国际泳联。其于1908年由比利时、丹麦、芬兰、法国、德国、英国、匈牙利和瑞典等国倡议成立。现有协会会员179个。国际泳联是国际单项体育联合会总会成员，工作用语为英语，总部设立在瑞士的洛桑。

国际泳联的任务是确定奥运会和其他国际比赛中游泳、跳水、水球和花样游泳的规则，审核和确认世界纪录，指导奥运会中的游泳比赛。宗旨是促进和鼓励世界游泳、跳水、水球、花样游泳以及其他水上运动项目的发展，保证世界游泳运动的业余性；制定世界游泳运动各个项目的规则，监督和管理奥林匹克运动会、世界锦标赛和其他国际性游泳、跳水、水球和花样游泳比赛的技术安排。

↓花样游泳

跳水
——游龙戏水

跳水是从高处用各种姿势跃入，在空中完成一定动作姿势，并以特定动作入水的运动。

跳水渊源

历史上的跳水曾经以谁跳得更远为比赛标准。跳水运动的历史非常久远。人类在掌握了游泳技能之后，就开始有了简单的跳水活动。早在公元前5世纪，古希腊花瓶上就有描绘一群可爱的小男孩正头朝下作跳水状的图案。我国宋代以前就出现一种跳水运动，当时叫"水秋千"。表演者借着"秋千"使身体凌空而起，在空中完成各种动作之后，直接跳入水中。表演者动作惊险，姿态优美，类似现代的花样跳水。

现代竞技跳水始于20世纪初。1900年，瑞典运动员在第2届奥运会上作了精彩的跳水表演，一般公认这是最早的现代竞技跳水。1904年，在第3届奥运会上，男子跳水被列为正式比赛项目。1908年正式制定了跳水比赛规则。到1912年第5届奥运会时，增加了女子比赛项目。

近代竞技跳水是随着其他欧美体育一道在20世纪初传入我国的。1979年以来，我国选手在一系列重大比赛中取得优异成绩，现在中国已经和美国、俄罗斯、德国、加拿大被公认为世界跳水强国。

鲤鱼跃龙门

竞技跳水是奥运会正式竞赛项目之一，分跳板跳水和跳台跳水。

跳台跳水是在坚硬无弹性的平台上进行。跳台距水面高度分为5米、7.5米和10米3种，奥运会、世界锦标赛、世界杯赛限用10米跳台。跳台跳水根据起跳方向和动作结构分向前、向后、向内、反身、转体和臂立6组。比赛时，男子要完成4个有难度系数限制的自选动作和6个无难度系数限制的自选动作；女子要完成4个有难度系数限制的自选动作和4个无难度系数限制的自选动作。每个动作的最高得分为10分，以全部动作完成后的得分总和评定成绩，总分高者名次高。男、女跳台跳水分别于1904年和1912年被列为奥运会比赛项目。

跳板跳水是在一端固定、另一端有弹性的板上进行，跳板离水面的高度有1米和3米两种。跳板跳水根据起跳方向和动作结构分向前、向后、向内、反身和转体5组。比赛时，男子要完成5个有难度系数限制的自选动作和6个无难度系数限制的自选动作；女子要完成5个有难度系数限制的自选动作和5个无难度系数限制的自选动作。每个动作的最高得分为10分，以全部动作完成后的得分总和评定名次，总分高者名次列前。男、女跳板跳水分别于1908年和1920年被列为奥运会比赛项目。

扩展阅读

伏明霞在1992年巴塞罗那奥运会上夺得10米跳台冠军时只有14岁，是中国奥运史上最年轻的冠军，并被载入《吉尼斯世界纪录大全》。之后不久，奥运会新规则规定14岁以下运动员禁止参加奥运会，在规则改变之前，她将一直保持这一纪录。

1993年，伏明霞的照片被登在美国《时代周刊》的封面上，这也创下了中国运动员之先河。1996年亚特兰大奥运会上，伏明霞夺得台板双料冠军，成为继高敏夺得汉城和巴塞罗那奥运会3米板冠军之后，蝉联跳水冠军的第二人，这也创造了一个世界纪录，同时她是唯一一位参加三届奥运会都获得金牌的跳水选手，也是为数不多的同时获得跳台和跳板两个项目奥运金牌的选手。

↓跳水运动

冲浪
——勇敢者的运动

冲浪是一项以海浪为动力,利用自身的高超技巧和平衡能力,搏击海浪的运动。

浪尖弄潮儿

冲浪是夏威夷波利尼亚人的一项古老活动。冲浪运动几乎是波利尼亚人的生活方式,就像如今足球、网球这些运动方式对于人类一样。冲浪影响了波利尼亚的社会、宗教和神话。他们的酋长是部落中技术最好的冲浪者,并拥有使用最好的树木所制造的最好的冲浪板。波利尼亚酋长们以展现他们在浪上的特技来作为其威信的象征。波利尼亚人还用冲浪来选举领导者,冲浪技艺将决定其地位。

1778年,英国探险家库克船长所指挥的英国皇家海军舰艇"决心号"与"发现号"发现了夏威夷,并在考艾岛的海滩登陆。稍后,库克船长和副手詹姆斯·金恩看到夏威夷的波利尼亚人乘着一块长短不一的木板,在海浪上奔驰,感到无比惊异。"决心号"军舰的大副金恩形容夏威夷冲浪时说:"他们在表演那些困难而危险的动作时,那种勇敢而娴熟的技巧,的确令人叹为观止。"

创造奇迹的运动

冲浪运动曾创造了许多令人难以置信的奇迹,常使人惊讶不已。

公元5世纪到8世纪之间,居住在马克萨斯群岛(位于南太平洋中部,属于法属波利尼西亚一部分)的马贵斯土著依靠星座方位,踩着冲浪板航行至2000海里外的夏威夷,并在大岛上的南点附近登陆,并且定居下来。

1986年初,两名法国运动员庇隆和皮夏凡,脚踩冲浪板,从非洲西部的塞内加尔出发,横渡大西洋，二月下旬到达中美洲的法属德罗普岛，历时24天12小时。

冲浪运动是相当惊险的一项运动。那些弄潮儿脚踏冲浪板，出没在惊涛骇浪之中，即使熟悉水性、有高超技巧的人，也难免发生危险。

知识链接

·冲浪圣地·

夏威夷

每个冲浪玩家都希望至少去夏威夷冲一次浪。瓦胡岛是夏威夷的主岛，也是最主要的冲浪场所，岛的形状使得岛上自然形成了四个冲浪海岸。夏威夷群岛由于受季风的影响，夏季从北太平洋吹来的海浪，往往使当地海浪高达4米，有些浪甚至高达8米以上，冲浪者可滑行800米以上。

法国西南海岸

一位好莱坞剧作家在1956年将冲浪运动带到法国，现在法国西南部的海岸线已经成为冲浪的好去处。冲浪结束后，还可以品尝着美味的葡萄酒，欣赏美丽的法国女人，感受法国古老的文化。

民大威群岛

民大威群岛位于印度尼西亚的苏门答腊岛西面，这里有四个主要的大岛和数不清的小岛，形成了很多适合冲浪的海岸。南印度洋的各个洋流在这里交汇，使得这里的海浪具有很强的持续性，不管刮什么风，在这里都肯定有地方可以冲浪。

↓弄潮儿的英姿

水球
——水中手球赛

水球是一项结合游泳、手球、篮球、橄榄球的水中运动。水球运动员在比赛时以游泳的运动方式进行球类比赛。

水中足球

水球最早起源于19世纪中叶的英国。最初是人们游泳时在水中传掷足球的一种娱乐活动，故有"水上足球"之称，后逐渐形成两队之间的竞技水球运动。1869年，英国出现用小旗标定边线和球门的水球比赛。1877年，英格兰伯顿俱乐部聘请威尔森制定了世界上第一部水球竞赛规则。1879年出现了有球门的水球比赛。1885年，英国游泳协会将水球列为单独比赛项目。

1890年，水球传入美国，后又逐渐在德国、奥地利、匈牙利等国家广泛开展。在1900年第2届奥运会上，水球被列为正式比赛项目。水球运动从1973年开始举办世界锦标赛，1979年国际业余游泳联合会举办了第1届水球世界杯赛。1986年举行的第5届世界游泳锦标赛将女子水球列为正式比赛项目。

水球运动在20世纪20年代传入中国的香港至广东一带。中国水球队曾在第8、9、10届亚运会上连续获得冠军，在第23届奥运会上获得了第9名。

水球的渊源

为了竞赛的需要，需要有一个规则来控制这种水上球类比赛。1876年，伦敦游泳协会指定了一个委员会来起草一份规则。当时，在苏格兰、英格兰某些地区，有球门的水中掷球比赛已经很流行，各地的叫法却不相同。有的称这种水中比赛为水上足球，有的叫水上手球，也有称为水上球的。尽管名称不一，比赛方法却大体相同。比赛场地的两端各设一个球门，宽度不等，也可用小船停在场地两端作为球门，把球抛进球门或者小船内，便算得分；比赛中允许压球入水，守门员可以在球门里防守，也可以跃出，抓住企图将球放入门里的进攻者的双手；若球门宽，还可以增加一名守门员。

1876年7月14日，被认为第一场正规的水球比赛是由英国波内蒙斯首相划船俱乐部举办的。比赛有一名裁判员和两名监门员，每个队上场队员为7人，比赛用球是一个橡皮的足球球胆。那时的规则允许队员脚踏水池底行走。1885年，英国国家业余游泳协会正式承认水球为一项独立的比赛项目。

↓水球

图说经典百科

第五章

体操运动——人体到底有多柔

体操，顾名思义，直接就是身体在表现，表现出力量，表现出柔韧。体操在很久以前，也叫作杂技。人们一直想知道，人的身体在经过锻炼之后，为什么可以做出这么多匪夷所思的动作，人的身体的极限在哪里呢？

跳马
——骑士的运动

跳马是奥运会竞技体操比赛项目之一，男女都设立这个项目。跳马运动是由用木马训练骑术演变而来的。

骑兵是这样炼成的

跳马源于罗马帝国末期的骑术训练。一开始时是跳真马，后来改为与真马外形相似的木马，并配有马鞍。1719年将马腿改为立柱，1795年德国首先去掉木马的马头，1811年又去掉马尾，将两端改为圆形，马身用皮革包制。

1836年，德国的体育教育家施皮茨在学校体操节首次表演跳马。1877年德国规定跳马必须助跑6步，从正侧两个方向过马和做1—2次支撑动作。

跳马决赛时，每队最多两名运动员参赛，只有在团体赛中跳马成绩排位前八名或前六名者才有参赛资格。将运动员团体赛中规定动作与自选动作总得分的二分之一，加上跳马决赛中自选动作的得分，作为最后得分排列名次，得分高者名次列前。男、女满分均为20分。

男、女跳马分别于1896年雅典奥运会和1952年赫尔辛基奥运会被列为奥运会比赛项目。

男女有别

女子跳马：跳马长1.6米、宽0.35米、高1.25米，女子跳马为横马。所有跳马动作必须用双手撑马，助跑的长度根据个人安排。跳马动作可以根据在空中的不同腾空类型分为几个组别，在跳马之前教练员所举的号码代表了不同的动作。

男子跳马：跳马高1.35米。跳马是由助跑开始的，以双腿并拢起跳完成的跳跃腾空动作，跳马的助跑最长距离为25米，助跑允许中断,但不允许返回重新跑,跳马要求运动员腾空有一定的高度和远度。

由于男子体操运动也有跳马项目,女子跳马越来越多地运用男子的动作,因而女子跳马也变得越来越精彩。今天,许多年龄很小的女子体操运动员都可以完成许多以前只有男子运动员才敢尝试的动作。

知识链接

中国的女子体操人才辈出,马燕红、樊迪、罗莉、莫慧兰等,但是跳马一直是中国女子体操队的弱项,直到程菲的横空出世。程菲打破中国女子跳马世界比赛零金的纪录,获得世锦赛跳马三连冠。

程菲跳马"独门绝技"是"踺子后手翻转体180度接前直空翻540度",这个动作已经经国际体联批准,命名为"程菲跳"。

"程菲跳"成为第二个以中国女运动员命名的跳马动作。

程菲一共在三届世锦赛、三届世界杯总决赛、两届奥运会上获得了九个世界冠军,成了中国女子体操队获得世界冠军最多的队员。

扩展阅读

"跳马王"楼云,是中国第一位蝉联奥运会冠军的运动员。他是中国体操界具有重要影响力的人物之一。在国际体操界,有两个动作是以楼云的名字命名。在楼云长达16年的体操生涯中,获得过70多枚金牌,其中40多枚为跳马金牌。楼云的跳马动作难度大、落地稳、稳定性强。他被称为中国体操界的"跳马王"。

退役后的楼云不甘寂寞,先后担任了广东东莞通达制衣集团公司总经理助理、楼云运动精品商行董事长、浙江巨鹰集团公司副总经理兼杭州分公司总经理、阿迪达斯中国代理公司助理总经理等职。在体育场上叱咤风云的楼云在商场上也成了风云人物。

↓跳马运动

鞍马
——骑术的升华

鞍马是男子竞技体操项目之一。鞍马源于跳马项目，起源于欧洲，原是罗马训练骑兵的方式。

马背上的舞蹈

鞍马源于跳马项目。1804年德国著名体操家古茨穆特斯将木马上的马鞍换成一对铁环，后铁环被木环取代，形成现在的鞍马。鞍马为男子项目。

1896年第1届奥运会，鞍马就被列为体操比赛项目。现代比赛用鞍马器械长160厘米，宽35厘米，马背中央木环上沿离地面120厘米，离马背12厘米，两环相距40—45厘米。比赛成套动作包括两臂交替支撑的各种单腿摆越，正、反交叉，单、双腿全旋和各种移位转体等动作。19世纪80年代，鞍马技术进展快，难新动作不断出现。中国运动员对鞍马技术的进展作出了不少贡献，1981—1992年在

↓鞍马

世界性比赛中，中国运动员共获得6次鞍马世界冠军。

体操之最难

在男子竞技体操的六个项目中，唯有鞍马这个项目在群众中普及不广，因而在体操比赛中，鞍马较受观众"冷落"。

其实，在男子竞技体操六个项目中，鞍马是最难"驯服"的。在平日的训练中，运动员花费在它上面的时间最多、精力最大。因为鞍马的支撑面积很小，完全要用两只手控制，而且是身体重心变化最多、最快的一个项目。有些单环动作，只能由两只手交替握在一个环上才能完成，这样一来，手的支撑面积就更小了。在这样窄小的支撑面积内，运动员必须不断地变化动作，再加上体操评分规则不允许除了手之外的其他身体部位接触器械，所以稍有闪失，就会碰马或从马上跌落下来。

知识链接

鞍马比赛的成套动作包括：两臂交替支撑的各种单腿摆越，正、反交叉，单、双腿全旋和各种移位转体等动作。

20世纪50年代，鞍马上有了各种环上转体。20世纪70年代中、后期，匈牙利运动员Z·马乔尔开创了纵向前移位、沿身体纵轴反向转体和跳动移位等技术，美国运动员K·托马斯创造了分腿波浪全旋技术。20世纪80年代，倒立技术与隔环转体类型的动作逐渐增多。鞍马技术进展快，难新动作不断出现。

中国运动员也对鞍马技术的进展作出了不少贡献，1981—1992年在世界性比赛中共获得6次鞍马世界冠军。

扩展阅读

1963年，体操王子李宁出生于广西。他7岁开始练习体操，17岁进入国家体操队，26岁退役。1981年，他获得了世界大学生运动会男子自由体操、鞍马、吊环三项冠军。1982年第六届世界杯体操赛上，李宁一人独得男子全部7枚金牌中的6枚，创造了世界体操史上的神话，是当之无愧的"体操王子"。

1984年，在第23届洛杉矶奥运会中，李宁共获3金2银1铜，接近中国代表团奖牌总数的五分之一，他也成为该届奥运会中获奖牌最多的运动员。在17年的运动生涯中，李宁共获得国内外重大体操比赛金牌106枚。1987年，李宁成为国际奥委会运动员委员会亚洲当时的唯一委员。1999年，李宁被世界体育记者协会评选为"20世纪世界最佳运动员"。

吊环
——空中的杂技

吊环是男子体操项目之一。19世纪吊环成为独立的男子体操项目，1896年被列为第1届奥运会的比赛项目。

绳索上的杂技

近代的吊环运动起源于法国，是受杂技演员悬空绳索表演的启发而创造的，之后才传入德国和意大利。1842年德国人施皮茨制作了第一副吊环。早期的吊环动作只有一些摆动动作和简单的悬垂，作为体操训练的辅助手段。19世纪末，吊环成为独立的男子体操项目，1896年被列为第1届奥运会的比赛项目。吊环的成套动作中，要求动静结合，高难力量性动作和摆动动作巧妙连接。

一套吊环动作应由比例大致相等的摆动和力量静止动作组成，这些动作和连接是以直臂完成动作为主。由摆动到静止力量或由静止力量到摆动的过渡是当代体操的显著特点，做静止动作时，要求环静止，不能有大的摆动。吊环要求有一定难度的向前摆动完成的手倒立和向后摆动完成的手倒立，还要求有一个有难度要求的力量静止动作。

落地是整套动作的亮点之一，通常会有一连串的回环动作，然后接空中的空翻、转体等，最后落地。

大力士的游戏

吊环是木制的圆环，用钢索悬挂在高5.80米的立架上，两环相距0.5米。木环与钢索间用皮带或帆布带连接，长短可调节。

运动员在团体赛中规定动作与自选动作总得分的二分之一，加上吊环决赛中自选动作的得分，作为最后得分排列名次，得分高者名次列前。满分为20分。

在所有体操项目中，吊环是对力量要求最高的项目。两只吊环被吊在离地约2.4米的空中，当然很不稳定，而比赛中裁判会特别注意运动员是不是能很好地控制吊环，使之尽可能稳定。因此，只有"大力士"，才能很好地完成吊环动作。

扩展阅读

陈一冰，奥运冠军，中国体操队运动员，祖籍山东庆云县。陈一冰2005年开始在国际比赛中崭露头角，是中国男子体操新生代中的佼佼者，曾为中国男子体操队队长。2012年8月6日，在伦敦奥运会男子吊环决赛中，陈一冰获得银牌。

其实，陈一冰是不折不扣的大器晚成型选手，他21岁时才获得世锦赛的冠军，这比很多体操世界冠军的年龄都要大。虽然成名较晚，但是陈一冰良好的运动天赋以及出色的心理素质都让他成为中国体操队最为可靠的一个夺金点。

陈一冰除了吊环之外，在其余几个项目上也具有较高的水平，这也保证了他能在男团和全能比赛中为中国队建功，2006年世锦赛全能的第四名就很好地说明了这一点。2008年北京奥运会时，陈一冰第一次站在了奥运会的赛场，并在自己的第一次奥运之旅中就站上了最高领奖台。

28岁是一个走向成熟的年纪，尽管已经拥有了与超出年龄的成熟，经历了奥运会的洗礼，陈一冰一定能更好地挑起中国体操的大梁。

↓吊环

单杠
——勇者的运动

单杠是男子竞技体操项目之一。1896年第1届奥运会，单杠就被列为奥运会比赛项目。

单杠横空出世

据史料记载，在18世纪以前，体操还没有形成一个独立的体系。当时的体操都是和游戏、军事、祭祀、竞技等活动一起作为一个总的体育系统存在的。直到19世纪初和中叶，先后形成了德国、瑞典两大体操体系和学派。

在欧洲，单杠器械出现于1812年。德国体操学派的创始人F•L•杨(1778—1852)(杨氏是把德国体操从学校的狭小圈子导向社会的第一人，曾被称为"德国国民体操之父")和J•C•F•古茨穆茨(1759—1839，曾被称为"德国体操之祖")受到当时西欧盛行的杂技表演的启发，用一根直径8厘米粗的木棍做梁设置一副单杠，放在位于柏林城外的体操场里用作健身训练。后来随着技术发展的需要，到1850年，木杠被改为铁棒，到1862年捷克斯洛伐克举行第一次体操比赛时，将其列为比赛的其中一个项目(这是最早的竞赛记载)。单杠被列为世界大赛的项目，则是1896年在雅典举行的第1届奥运会上。

最惊险的体操运动

现代比赛用单杠由一直径2.8厘米的铁制横杠固定在两根支柱上，两端用钢索固定，横杠离地面2.55米。单杠成套动作全部由摆动动作组成，不能停顿。动作包括向前、向后大回环，各种换握、腾身回环，各种转体、扭臂握以及飞行动作。20世纪50年代初，出现了分腿支撑后回环成手倒立动作。20世纪60年代中期出现了高屈体腾越动作。20世纪70年代，日本运动员

冢原光男创造了旋空翻下,中期出现了飞行动作,末期随着护掌的改进,出现了单臂大回环。中国运动员从1982—1992年5次获得单杠世界冠军。

单杠运动是竞技体操中最惊险的一个运动项目,其基本动作摆动、屈伸、回环、转体、腾越、空翻等,可以培养勇敢顽强的意志,对改善人们在不同空间判断方位的能力,提高身体的柔韧性和协调性都有较好的作用。

扩展阅读

陆恩淳是中国第一批体操运动员、第一任国家体操队队长、第一位参加国际大赛的体操运动员、第一批运动健将称号获得者、第一批持有国际裁判员证书的体操国际裁判。在他的头上,有无数"第一个"的帽子。

陆恩淳于1931年出生在北京,1949年4月,18岁的陆恩淳化名"陶家骧"参加了革命队伍。在军队里,由于他对体操的擅长与热爱,被选入了八一队,后又加入了国家队,并担任队长。

1955年,在全国体操测验赛中,他获得了个人全能、单杠、双杠3项冠军。同年6月10日至10月21日,陆恩淳等17名男女运动员被派往苏联莫斯科斯大林体育学院学习。

← 单杠运动

双杠
——木棍上舞蹈

双杠是男子竞技体操项目。19世纪初，双杠已成为欧洲流行较广的一种健身项目。后来被德国体操家F·L·杨定型为体操器械。1896年列入奥运会比赛项目。

起源于德国

双杠起源于德国。1811年德国体操家F·L·杨在柏林郊外的哈森海德体操场首次安装这种体操器械。其最初为体操训练手段，19世纪40年代成为独立的比赛项目。双杠由4根立柱架设两根平行的木制横杠构成。横杠长3.50米，两杠间距及高度可调节。双杠决赛时每队最多两名运动员参赛，只有在团体赛中双杠成绩排位前八名或前六名者才有参赛资格。将运动员在团体赛中规定动作与自选动作总得分的二分之一，加上双杠决赛中自选动作的得分，作为最后得分排列名次，得分高者名次列前。满分为20分。

现代比赛用双杠由4根立柱架设两根平行的木制横杠制成，杠长3.5米，高1.75米，可升降。双杠比赛的成套动作由摆动、摆越、屈伸、弧形摆动、回环、空翻和静止用力等动作组成。成套动作要求以摆动和腾空为主。

最受运动员欢迎

双杠可能不是观众最喜欢的体操项目，但它却是体操运动员最喜欢的。在所有的项目中，双杠提供给运动员最大的做动作的空间，自由体操、吊环、鞍马的许多动作都可以在双杠中运用。双杠让运动员更多更充分地表现出他们的力量和平衡。

多数双杠动作要求运动员双手或单手脱杠，这使运动员的平衡及

↓双杠

时间感显得特别重要。双杠动作允许最多三次一秒钟以上的停顿。在所有的双杠动作中，运动员的肩臂肌肉应保持紧张。

运动员上杠可以有不同的方法，包括助跑后通过跳板上杠。下杠动作可以包括前、后空翻及转体等。

在上杠时，要求运动员必须从并腿站立姿势开始，不得有预先动作，一套动作中最多允许有三个停顿动作或静止动作，其他大于或等于1秒的停顿将不被允许。

扩展阅读

一次偶然的机会，国家队教练陈雄在湖南队见到了天生一双长臂、表现欲极强的李小鹏，当时陈雄就认定了这个孩子是练体操的好资材。1996年，15岁的李小鹏入选国家体操队，从此开始了自己辉煌且充满坎坷的体操生涯。1997年，16岁的李小鹏就获得了世锦赛的冠军，被认定为中国体操队的新一代领军人物。李小鹏的第一个运动巅峰是2000年悉尼奥运会，男子团体和双杠两枚奥运金牌让他备受赞誉。

高低杠
——上下翻飞

高低杠是女子体操特有的一个项目,它由一高一低两副杠组成,杠间距离可以调整。

脱胎于双杠

高低杠是女子体操项目之一,1952年赫尔辛基奥运会时被列为比赛项目。高低杠起源于欧洲。19世纪末,女子体操在欧洲盛行,当时女子和男子一样,练的是平行双杠。后来为了适应女运动员的特点,把双杠的一侧升高,成为高低杠。

高低杠的高杠为2.30米,低杠1.50米,杠间距离在1.10—1.40米之间均可。高低杠动作有各种屈伸、回环、绷杠、弹杠、腾越和空翻等。整套动作要求动力,避免停顿和附加支撑。

高低杠杠子的横切面是椭圆形的,比较粗大,因此在做动作时要采用"钩握"(5个手指在杠子的一边)的方法。这是高低杠动作的特点之一。在高低杠上的动作是在悬垂或支撑中进行各种屈伸、回环、摆越、换握、转体、倒立、腾越、空翻,这些动作对发展上肢、肩部和腹背肌肉力量有良好作用。

优美的控制舞蹈

开始时的高低杠动作比较简单,杠下是一些悬垂动作的上法,杠上是利用混合支撑完成的静止动作。

20世纪50年代中期,摆动动作增多。20世纪60年代是高低杠技术飞速发展的时期,以苏联运动员拉蒂尼娜为代表的一些体操强手在全套动作中加进了大幅度摆动动作。捷克斯洛伐克运动员恰斯拉夫斯卡则把两杠之间的变化组织得更加惊险、紧凑。苏联运动员科尔布特在高杠上做了蹲撑后手翻握杠接大摆的动作，被国际上命名为"科尔布特空翻"。

罗马尼亚运动员科马内奇在1976年蒙特利尔奥运会上，以高难度的连接和以她命名的下法，获得了满分的成绩。近年来高低杠发展的趋势是移植了许多男运动员单杠上的动作，使整套动作编排巧妙，技术复杂多样化，同时全套动作不断加长。

在1979年第20届世界体操锦标赛上，中国选手马燕红以高难度的动作、大幅度的摆动和优美的姿态，与德意志民主共和国选手格瑙克并列为这个项目的世界冠军。这是中国的第一个高低杠世界冠军。

知识链接

2008年5月10日，在全国体操锦标赛暨奥运选拔赛上，何可欣凭借"李娅空翻"，再度蝉联了高低杠冠军，并且创造了17.325的超高分，这也是自2006年世界体联实施新规则以来的最高得分。

2008年科特布斯体操世界杯，中国运动员何可欣以罕见的难度和总分16.850的高分摘得高低杠金牌，与此同时，何可欣的"高低杠公主"的新头衔在其欧洲的"粉丝"中不胫而走。一个欧洲体育论坛上有不少对她的评论，有人称赞其为"能表演让人疯狂的动作"的"高低杠公主"。

2009年伦敦第41届世界体操锦标赛，何可欣以娴熟的动作、高超的技能顺利夺得高低杠冠军。

何可欣成功实现了个人在奥运会、世界杯、世锦赛三大赛高低杠项目上的金牌大满贯，成为中国女子体操队获得"大满贯"的第一人。

↓高低杠冠军霍尔金娜（左）在中国

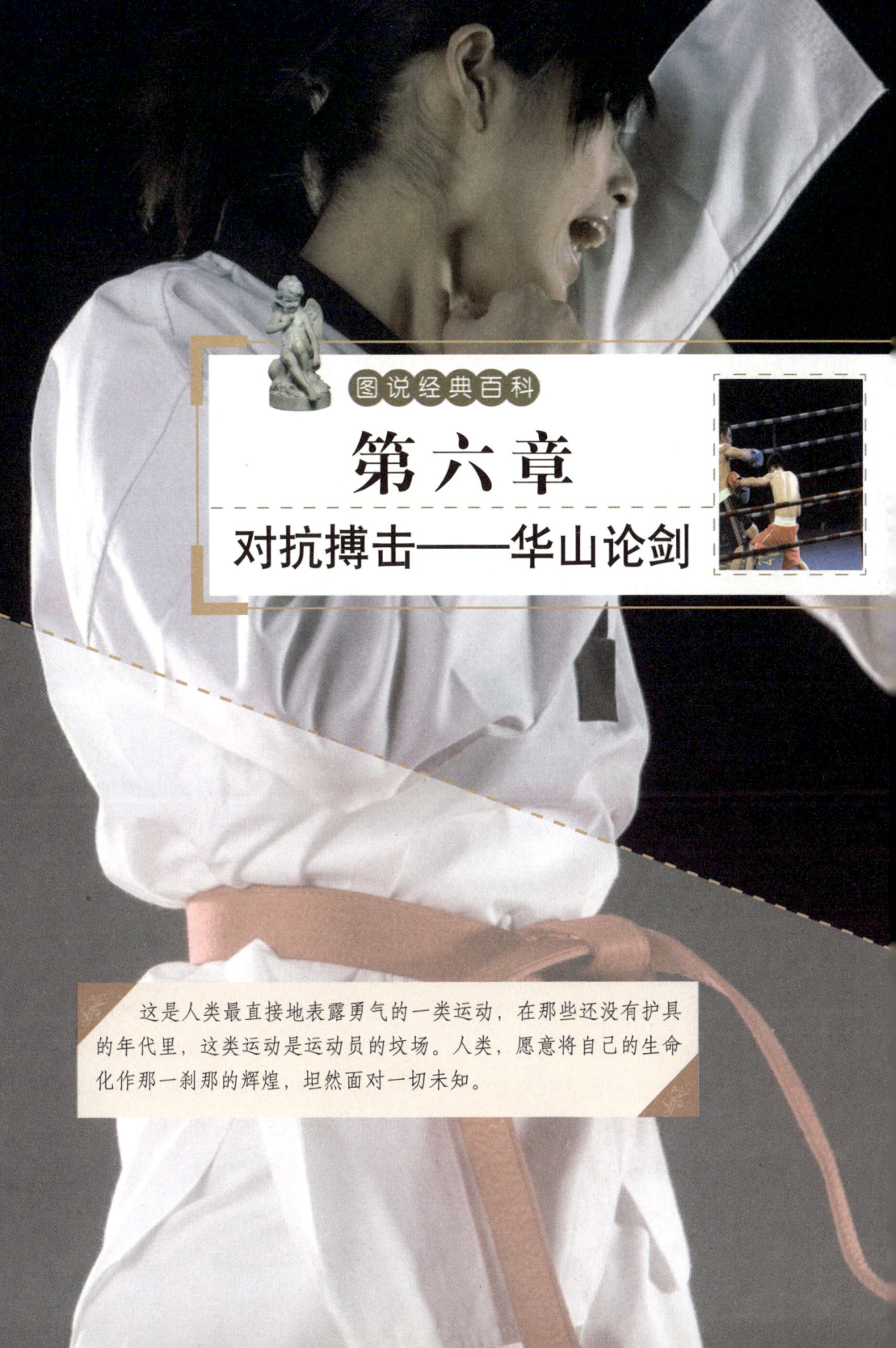

图说经典百科

第六章
对抗搏击——华山论剑

这是人类最直接地表露勇气的一类运动，在那些还没有护具的年代里，这类运动是运动员的坟场。人类，愿意将自己的生命化作那一刹那的辉煌，坦然面对一切未知。

击剑
——决斗必备技能

击剑是从欧洲流行的骑士决斗中发展起来的一项体育项目,它结合优雅的动作和灵活的战术,要求运动员精神高度集中和身体具有良好协调性,体现出运动员快速准确的动作和敏捷的反应。

古老的"贵族运动"

击剑运动是一项历史悠久的传统体育运动项目。早在远古时代,剑就是人类为了生存、同野兽进行搏斗和猎食所使用的工具。随着人类历史的发展,剑由最初的石制、骨制发展到青铜制、铁制,最后到钢制,并作为战争的武器,逐步走上历史舞台。击剑在古代埃及、中国、希腊、罗马、阿拉伯等国家十分盛行。公元前11世纪,古希腊就出现了击剑课,并有剑师讲课。有关古老的击剑形式,在希腊、埃及等国家中的一些历史建筑和纪念碑上都可见到相关的雕塑。

在中世纪的欧洲,击剑与骑马、游泳、打猎、下棋、吟诗、投枪一起被列为骑士的七种高尚运动。为了研究和推动击剑技术的发展,欧洲各国纷纷成立击剑行会(协会和学校)。西班牙被认为是现代击剑运动的摇篮,第一本击剑书籍就由两位西班牙教练编著。

击剑运动真正得到全面的发展还是在法国亨利三世和亨利四世时期。1776年,法国著名击剑大师拉·布瓦西埃发明了面罩,这一发明使击剑运动进一步走上了高雅道路。人们戴上面罩、手套,穿上击剑服,就可以安全地进行一连串的攻防交锋。面罩的问世是击剑运动发展的一个里程碑。法国也因此成为当时欧洲击剑运动的中心。

化身体育项目

16世纪末和17世纪初的欧洲盛行决斗。在这种形势下,为了满足人们对击剑的爱好和需要,又不至于伤害生命,一种剑身较短并呈四棱形,剑尖用皮条包扎的新型剑被设计出来,受到人们的普遍欢迎,这便是现在花剑的雏形。从此,在欧洲的习武厅、击剑厅及专业学校里,花剑的击剑方式逐渐形成并日趋完善。

热衷于决斗的绅士和贵族从1885年开始,在习武厅进行练习时,使用三棱形剑,交锋不限制部位,这就是延续至今的重剑。

18世纪末,匈牙利人对东方波斯人、阿拉伯人及土耳其人早期骑兵用的弯型短刀进行了改革,于剑柄上装配了一个像弯月形的护手盘,在击剑时可以起到保护手指的作用。后来,意大利击剑大师朱赛普·拉达叶利将它进一步改进,使它能在击剑运动和决斗中使用,并根据骑兵作战的特点,规定有效部位为腰带以上,这便成为现代佩剑的前身。

19世纪初,在法国一位击剑权威的倡议下,将花、重、佩这三种不同式样的剑的重量再加以减轻,同时对一些技术原理及战术意义进行深入研究,并且在一些欧洲国家经常开展竞赛活动。击剑运动由此逐渐成为国际性的体育竞赛项目。

到19世纪后期,击剑成为一项竞技性体育运动。1882年,法国成立世界上第一个击剑协会;1893年,美国业余击剑协会成立。1896年,首届奥运会就有击剑项目,并且是唯一允许职业选手参赛的项目。

↓击剑

拳击
——用拳头来说话

拳击，是戴拳击手套进行格斗的运动项目，早在古希腊和罗马时代就有许多有关拳击的生动记载，被称为"勇敢者的运动"。

永不离身的武器

拳击运动源远流长，它起源于人类产生之初。为了生存和竞争，人类发明了它。最初，它是保护人们生命财产的一种手段。有记载表明，拳击有5000多年的历史。在《英国大不列颠百科全书》中就有"公元前20世纪，幼发拉底和底格里斯两河流域发现拳击的遗迹"的记载。古埃及人用象形文字记载了拳击用的护具"皮绷带"。大约在公元前17世纪，拳击运动经过地中海的克里克岛传播到古希腊。公元前5世纪，在爱琴海岸发掘的一对瓷瓶上，有两人相互攻防的拳击图案。在希腊神话中，传说雅典王子赛希阿斯（公元前1000年）就通晓拳术，曾玩过这种拳击。在古希腊，这项运动称为角力拳击，据说拳击手套里面装有铁蒺藜，激烈的搏斗常常以失败者的殒命而告终。在美索不达米亚的考古发掘中，也发现了1700年以前拳击活动的遗迹。

自从古罗马皇帝西奥多雷斯下令禁止拳击后，拳坛几乎沉寂了4个多世纪。主要原因是人们对古罗马拳击的粗野印象难以忘怀；另一方面因为欧洲各地时兴骑马斗剑，马上技术抑制了拳击的发展。骑士体育是属于统治阶级和贵族的，而且必须是基督徒。而拳击作为一种自卫技术、娱乐活动，在民间仍然不断地流行着，只是不能公开比赛。

英国人的贡献

现代拳击运动于18世纪起源于英国，当时比赛不戴拳套，亦无规

则和时间限制，直至乙方丧失继续比赛的能力为止。英国著名拳击家J.布劳顿于1743年针对拳击比赛的混乱局面，制定出了最早的一份拳击规则，又在1747年设计了拳击手套，对近代拳击运动的开展作出了巨大的贡献。1839年，英国颁布了新的伦敦拳击锦标赛规则，1853年进行修改，禁止用足踢、头撞、牙咬等动作，并规定拳击台四周用绳围起。1867年，英国记者钱伯斯编写了新的拳击规则，强调拳击中的战术和技巧。1880年，伦敦成立了英国业余拳击协会，1881年举行了第1次锦标赛。之后，拳击在英国人的推动下，开始在全世界流行。

1924年第8届奥运会前夕，国际业余拳击联合会成立。当今世界上同时存在着两种拳击运动，即职业拳击和业余拳击。奥运会和亚运会的拳击比赛都属于业余拳击。这两种拳击在比赛规则和方法上都有很大的差别。在圣路易斯举行的第3届奥运会上，拳击第一次被列为正式比赛项目。

↓拳击

散打
——艺高人胆大

散打是中华武术的精华，是具有独特民族风格的体育项目，多年来在民间流传发展，深受人民喜爱。散打的起源与发展，是和中华民族悠久历史同步的。

从防身技能而来

散打是从中国人的生产劳动、生存斗争中产生的，但又服务于此，演化至今成为中华民族灿烂文化遗产中的瑰宝。原始社会中，人类为了争取猎取食物，长期与野兽搏斗，学会了与野兽搏斗所使用的方法，如拳打、脚踢、抱摔等简单的散打技术，并学会了一些野兽猎取食物的本领，如猫扑、狗闪、虎跳、鹰翻等。

现在的散打是两人按照一定的规则，运用武术中的踢、打、摔和防守等方法，进行徒手对抗的现代体育竞技项目，它是中国武术的重要组成部分。中国武术有两种表现形式，一种是套路演练形式，一种是格斗对抗形式。散打就是格斗对抗形式的一种。

1979年，散打在我国成为竞技比赛项目。选手在0.8米高、8米见方的擂台上进行比赛。散打比赛允许使用踢、打、摔等各种武术流派中的技法，不允许使用擒拿，不许攻击喉、裆等要害部位；运动员按照不同的体重级别、穿上护具，在相同的条件下平等竞争。在对敌斗争中这些界限就没有了，军警对敌斗争就专寻对手的要害部位击打。使用的招法也比较凶狠，杀伤力较大。

现代武术散打

1979年，随着中国武术热的再度兴起，国家体委制定了《散打比赛规则》。1989年，国家体委批准设"团体锦标赛"和"个人锦标

赛"赛制。

现代武术散打对传统技击术进行归纳、整理，舍弃它们的具体形态，找出其中带有共性的规律，即把中国各拳种门派的拳法、腿法通过规整，总结出它们的基本运动形式，经过高度抽象，确立进攻技术具有两种运动形式：一种是直线型方法，另一种是弧线型方法。拳法以冲、掼、抄、鞭，腿法以蹬、踹、扫、摆、勾为内容，摔法则有"接招摔"和"夹打摔"的方法。同时，防守技术也划分为"接触式防守"和"不接触式防守"两种。

散打比赛形式上采用了中国传统的"打擂台"的方式，一方掉擂出局即为输方。在竞赛方法上采用三局两胜制，先赢两局者即为赢家。

武术搏击有很强的生命力，延续到现在，除与社会文化背景以及运动的本身特点有极大关系外，其具备的较高观赏性，也起到了一定的作用。散打比赛不仅刺激、激烈，而且斗智、斗勇，具有较高的观赏价值，日益引起人们的极大关注与兴趣。如今有许多国家的武术爱好者不仅喜爱中国套路技术，而且喜欢散打运动。通过与各国选手较技，不仅可以促进国际武艺交流，将中国散打运动推向世界，而且可以增进各国运动员之间的了解和发展，促进国际文化交往。

↓散打博弈

柔道
——温柔的摔跤

柔道通过把对手摔倒在地而赢得比赛,它是奥运会比赛中唯一允许使用窒息或扭脱关节等手段来制服对手的项目。柔道是一种对抗性很强的竞技运动,它强调选手对技巧掌握的娴熟程度,而非力量的对比。

柔术与柔道

柔道起源于日本古代的柔术。日本明治十年,日本青年嘉纳治五郎汲取众多柔术流派的长处,始创了一套适合青少年锻炼身体、便于防身自卫的技术体系,为区别于其他柔术,称为"柔道"。

经过嘉纳治五郎的辛勤努力和大力提倡,1882年在日本的东京下谷北稻荷街的永昌寺,建立了日本最早的"讲道馆",用以训练和传授柔道。很快柔道便在日本全国普遍开展起来。1895年,日本成立了"大日本武德会",大力宣传和推广柔道,并制定了柔道比赛的统一规则。从1930年起,柔道在日本学校中成了青少年的必修课。在军队、警察部队以及其他各种场所也开始教授柔道,并在全国各地通过各种柔道比赛,使柔道逐渐成为日本普及的运动。1948年,日本举行了柔道锦标赛。1949年,日本成立了全日本柔道联盟。1949年,欧洲成立了柔道联合会。1951年7月,由英国、法国、德国、意大利、荷兰、瑞士、日本等12个国家发起成立了国际柔道联合会。本部设在日本东京,会长为嘉纳履正(嘉纳治五郎之子)。

1956年,在日本东京举办了第一届世界柔道比赛。1964年5月,在日本东京举行的第18届奥运会上,男子柔道被列为奥运会正式比赛项目。

1984年,国际奥委会同意将女子柔道列入1988年奥运会表演项目。1992年第25届奥运会上,女子柔道被列为奥运会正式比赛项目。

柔道的段位

1884年，嘉纳治五郎设立柔道段位制。柔道共分为十段五级，以腰带颜色来辨示级别。由初级到五级的腰带为黑色，六级到八级为红白凸间，九级到十级为红带。低于段的称"级"，1—3级用茶色，4—5级用白色，无级别的初学者所系的腰带是深蓝色。

目前世界上只有极少数人到达红带的地位，但是在大型运动会上为了便于分辨，往往规定一方系白色腰带，一方系红色腰带。北京奥运会上，则是一方穿白色道服，一方穿蓝色道服。在练习和比赛柔道时，必须赤足，穿柔道衣进行。

↓ 柔道

跆拳道
——飞腿踢人

跆拳道古称跆、花郎道，起源于古代朝鲜的民间武艺。现在是一项广泛开展的运动项目。

朝鲜的功夫

跆拳道产生于朝鲜半岛。早在公元688年，新罗王国统一朝鲜，经济繁荣，百业兴旺，并建立了一种"花郎制度"。到真兴王时，又创立了"花郎道"。花郎道是花郎制度的组织形式，即将年轻人组织到一起进行武艺锻炼。其宗旨是"事君以忠，事亲以孝，事友以信，临阵无退，杀身有择"，以此磨炼意志和体魄，培养和造就一批批忠君事孝、英勇顽强、无所畏惧的战士。

公元935年，新罗王朝被推翻，高丽王朝建立。士兵们的战斗力来自平日的训练和对跆拳道的喜爱。他们平时常常用拳掌击打墙壁或木块，以磨炼手部的攻击能力。十分喜爱徒手搏斗的忠惠王[高丽王朝第28任君王(1330—1332年，1339—1343年在位)]曾专门邀请臂力过人、武功超众的士兵金振都到宫廷表演手搏技艺，使跆拳道声望大震，并日渐为广大民众所接受。1392年，高丽王朝被李朝取代，武功及跆拳道没有得到足够的重视，但在民间，这一活动始终没有停止。

1910年，日本侵占朝鲜后建立起殖民政府，一度下令禁止所有的文化活动，跆拳道自然也在劫难逃。一些不甘寂寞或被生活逼迫的人远离国土，到中国或日本谋生，同时把跆拳道延续下来。更为重要的是，他们将其与中国武术和日本武道交融与结合，孕育了新的击技体系。

第二次世界大战后，自卫术

再度兴起,从异国他乡回归故土的朝鲜人也将各国的武道技艺带回本国,逐渐与跆拳道融为一体,形成现在的跆拳道体系。1955年,被称为"朝鲜的自卫术"击技体系正式命名为"跆拳道"。

从韩国走向世界

1961年9月,韩国成立了唐手道协会,后更名为跆拳道协会,并成为全国运动会正式竞赛项目。1966年第一个跆拳道国际组织——国际跆拳道联盟成立。1973年5月,"世界跆拳道联合会"在汉城成立。1975年,"世界跆拳道联合会"被国际体育联合会接纳为正式会员。1980年,国际奥委会正式承认世界跆联。世界跆联已有100多个会员国,并有6500多万爱好者练习跆拳道。

1988年,跆拳道在韩国汉城奥运会首次亮相后,其技术也在不断变革和发展,为的就是适应更多的国际重大比赛。世界跆拳道联合会的总部中有一个特别技术委员会,其主要任务就是改革现今的跆拳道技术。

今天的跆拳道动作似乎不像以前那样圆滑流畅,也不似以前那样重视运动中身体的平衡。然而对当今跆拳道技术的检验并不在于它的美感,而在于实战。具体地说,就是在实战对抗中或在大街上遭受袭击被迫自卫的情形下,新型跆拳道的技术无疑要比拘于形式的老技术更胜一筹。

↓跆拳道

空手道
——日本的功夫

空手道,是由距今五百年前的古老格斗术和中国传入日本的拳法融合而成的。19世纪,在琉球上层阶级间,暗中参考中国的拳法创出了独特的唐手,即最初的"空手道"。

原名叫唐手

19世纪,唐手这一名称开始普遍取代了琉球手。该时期著名的武术家有:首里的佐久川宽贺及其弟子松村宗棍、盛岛亲方、油屋山城;泊村的宇久嘉隆、禅南;那霸的湖城以正、长浜筑登之亲云上等人。

1879年,日本吞并了琉球,琉球的士族阶级不复存在,唐手面临失传的危险。一部分原本有官职和俸禄的士族突然家境没落,转而潜心修炼唐手。

一些不满于日本统治的琉球人远渡中国,在中国开设道场,学习中国拳法并传授唐手。其中包括了湖城以正、东恩纳宽量、上地完文等人。

1922年,在日本文部省主办的第一回体育展览会上,船越义珍表演了唐手。这引起了日本武道家的极大关注,其中包括了柔道的创始人嘉纳治五郎。次年的6月,嘉纳治五郎等200余名柔道有段者聆听船越义珍的解说。船越义珍逗留东京,开始指导唐手。

与此同一时期,著名空手道大师本部朝基于1923年11月参加了在京都举行的武术比赛,一拳击倒了俄罗斯拳击手,向世人展现了唐手的实力。日本人见到了唐手的实力,纷纷学习唐手。本部朝基于1923年在大阪开始指导唐手。在本部朝基和船越义珍二人的影响下,日本各大学纷纷设立了唐手部。

改名叫空手道

1924年(大正十三年),本

部朝勇在冲绳创立冲绳唐手研究俱乐部，1926年更名为冲绳唐手俱乐部。该俱乐部成为唐手家技术的交流场所。著名参加者有花城长茂、本部朝勇、本部朝基、喜屋武朝德、知花朝信、摩文仁贤和、宫城长顺、许田重发、吴贤贵等人。

昭和初期，摩文仁贤和、宫城长顺、远山宽贤前往日本本土指导唐手。1933年，唐手被大日本武德会认定为日本武道之一。然而，当时唐手是被当作柔道或柔术的一部分，这是因为唐手称号的审查是由柔道家来进行的。唐手家被迫接受了这一屈辱的条件。

1929年，船越义珍在庆应义塾大学唐手研究会执教时，根据般若心经中"空"的概念，将汉字定名为"空手"。而这一定名符合当时日本当局试图消除中国对琉球的影响的目的，因此在日本广泛传播。因为其他武道的名称后都有一个"道"字，因此"唐手术"改名为"空手道"。

1936年10月25日，在那霸举行的空手大家座谈会中，在日本军国主义思潮的影响下，正式通过了将"唐手"改名为"空手"的决议。

1945年，日本战败，琉球群岛被美国占领，日本列岛亦为盟军所占领。统治日本的盟军最高司令官总司令部下令禁止练习武道，因此日本文部省下达了柔道、剑道等武道禁止令，空手道的活动一度停滞。然而，文部省声称"空手道的正式名称是空手"，因此"不是武道"。空手道得以再度活跃。

↓空手道黑带

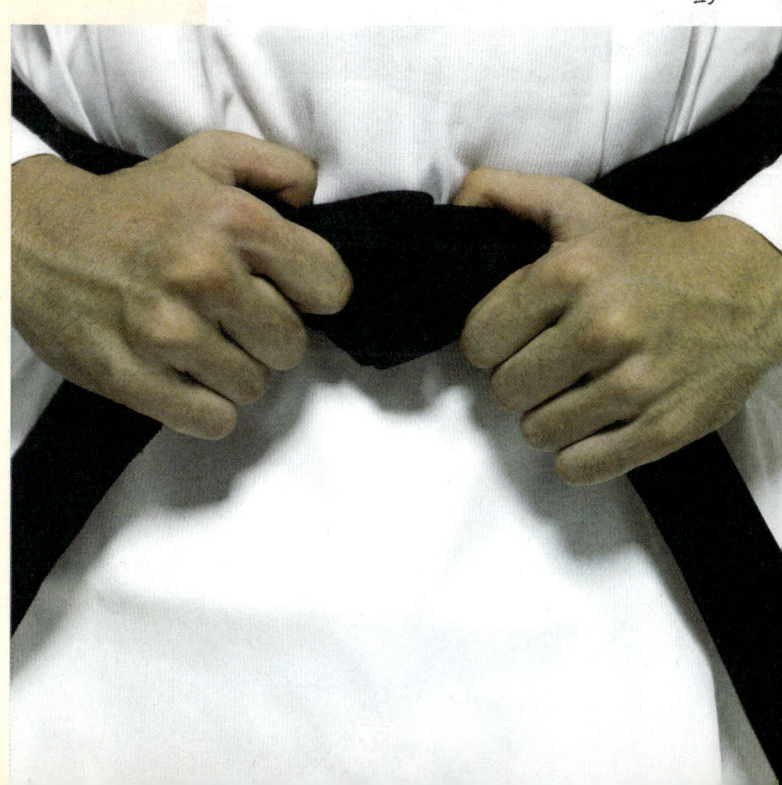

第六章 对抗搏击——华山论剑